Europas wilde Wälder

KNESEBECK

Markus Mauthe   Thomas Henningsen

Europas wilde Wälder

Ein Buch von *GREENPEACE*

Inhalt

Wahrscheinlich haben Sie auch schon so manches Mal gedacht, als Sie in einem Wald vor einem dieser riesigen, uralten Bäume standen, ihn vielleicht sogar andächtig mit der Hand berührt haben: »Wenn der doch nur sprechen könnte! Was hätte er wohl alles zu erzählen?«

Ob eine alte flechtenbedeckte Kiefer im Norden, eine knorrige Eiche im Süden, eine turmhohe Riesentanne im Osten oder ein Rotbuchen-Hüne in Mitteleuropa: Sie alle haben über die Jahrhunderte ihres Lebens eine bewegende und besonders vom Menschen geprägte Geschichte hinter sich.

Einige waren schon stattliche Bäume, als noch Auerochsen und Wisente, die größten nacheiszeitlichen Landwildtiere Europas, durch die Wälder streiften. Sie haben erlebt, wie Könige und Herrscher, Grenzen und Staaten kamen und gingen. Und sie mussten miterleben, wie ihnen ihr angestammter Platz immer mehr streitig gemacht wurde durch Äcker, Siedlungen, Städte, Eisenbahntrassen und Straßen. Die wilden Wälder, in denen sie standen, verschwanden schließlich fast überall komplett oder wurden in Wirtschaftswälder umgewandelt. Dieses Greenpeace-Buch soll aber nicht von den

»Ohne menschliche Eingriffe wäre Europa als Kontinent eigentlich fast vollständig mit Wäldern bedeckt.«

zerstörten Wäldern berichten. Es beschreibt mit vielen eindrucksvollen Bildern einige der letzten übrig gebliebenen und auch einige der neu entstehenden »wilden Wälder« Europas.

Dies sind Wälder, in denen Wildnis erhalten blieb oder heute wieder erwünscht und sogar gefördert wird: die letzten intakten Urwaldgebiete und die wenigen schon frühzeitig unter Schutz gestellten Wälder, aber auch einige schwer zugängliche oder einfach nur »vergessene« Waldgebiete, die ihren Urwaldcharakter bewahrten, weil der Mensch hier nur minimalen oder keinen Einfluss ausgeübt hat. Alle diese wilden Wälder sind von herausragender ökologischer und manchmal auch kultureller Bedeutung. Und sie leisten einen großen Beitrag zum Schutz und zur Stabilisierung des Klimas.

Ohne menschliche Eingriffe wäre Europa als Kontinent fast vollständig mit Wäldern bedeckt. Zwar haben die Eiszeiten die Waldgebiete in weiten Teilen Europas immer wieder zurückgedrängt, doch die Bäume eroberten ihre alten Gebiete immer wieder zurück. Es entstanden die unterschiedlichsten Waldtypen wie Kiefern- und Fichten-, Eichen- und Buchenwälder oder auch

Einleitung

Mischwälder mit vielen verschiedenen Laub- und Nadelbaumarten. Es bildeten sich Berg-, Küsten-, Moorwälder, Auen-, Nieder-, Hoch- und Bruchwälder.

Damit standen die Wälder Europas in ihrer gigantischen Ausdehnung, aber auch in ihrer Wildheit den großen Waldgebieten dieser Erde wie denen Amazoniens oder der sibirischen Taiga in nichts nach.

Die neue Bewaldung nach dem Ende der Eiszeit sorgte auch bald für ein lebensfreundlicheres Klima. So folgten die Menschen den Bäumen und eroberten die neuen Waldgebiete als ihren neuen Lebensraum. Damit begann für die Wälder, die sich eben erst erholt hatten, eine neue Leidenszeit. Mit der zunehmenden Besiedelung Europas und besonders mit dem Übergang von der nomadischen Lebensweise der Jäger und Sammler zur sesshaften bäuerlichen Lebensweise verschwanden vielerorts die Waldgebiete wieder. Mit Äxten, Sägen und Feuer wurden immer mehr Flächen für Landwirtschaft, Viehzucht, Wege- und Straßenbau sowie für Siedlungen und Städte geschaffen. Gleichzeitig stieg der Bedarf an Bau- und Brennmaterial. Holz wurde gebraucht für Häuser, Brücken, Kirchen,

»Der Wald musste zahlreichen Siedlungen weichen, daran erinnern bis heute viele Ortsnamen, die auf ·rade, ·reit, ·reut, ·riet oder ·rode enden.«

Schiffe und für einen Großteil der Gerätschaften, Werkzeuge und Waffen. Außerdem heizte man fast ausschließlich mit Holz, sodass noch mehr Bäume gefällt wurden. In einigen Regionen Europas wie beispielsweise im Mittelmeerraum wurden so schon sehr früh ganze Landstriche völlig entwaldet. Auch die ausgedehnten Waldgebiete in Mitteleuropa gerieten immer mehr unter Druck. Die großen Rodungen begannen in der Zeit vom 11. bis 13. Jahrhundert, als die Bevölkerung sich auch in diesem Teil Europas stark vermehrte.

Es dauerte noch mehrere Jahrhunderte, bis erste Gegenmaßnahmen ergriffen wurden. Im 18. Jahrhundert wurde zwar die nachhaltige Forstwirtschaft »erfunden«, doch deren wichtigstes Ziel war es zunächst, Wälder so zu bewirtschaften, dass sie viel Holz produzierten, und das möglichst schnell und zuverlässig. Der Baumbestand nahm nun zwar wieder zu, aber meistens durch das flächige Anpflanzen von Fichten, eine besonders schnell wachsende Baumart. Die anderen Baumarten wurden dagegen abgeholzt und verdrängt. So entstand der auch heute noch in Europa am meisten verbreitete Waldtyp: der an natürlichen Arten arme

Wirtschaftswald oder Forst, der oft eher einer Holzplantage als einem lebendigen Wald gleicht.

Ausgedehnte Urwaldlandschaften von mindestens 50 000 Hektar Größe – also so groß, dass sie als ökologisch intakte Waldgebiete auch in Zukunft erhalten bleiben könnten – gibt es heute in Europa nur noch wenige und nur noch in fünf Ländern: die allermeisten davon in Russland, einige wenige in Finnland, Schweden und Rumänien und noch eines in Norwegen. In den anderen der über 40 Länder Europas haben meist keine oder lediglich kleinste Reste urwaldähnlicher – und damit wenig genutzter – Areale als »wilde Wälder« überlebt.

Der Anteil dieser ursprünglichen Wälder ist sehr gering. In den meisten Ländern Europas handelt es sich dabei nicht einmal mehr um ein Prozent der landesweiten Waldfläche. Das gilt sogar für so waldreiche Länder wie Deutschland: Zwar ist fast ein Drittel der gesamten Landesfläche mit Wald bedeckt, aber nur in weniger als einem Prozent dieser Wälder wird die Natur sich selbst überlassen.

Und das, obwohl gerade den wenigen Urwäldern und wilden Wäldern Europas eine herausragende Bedeutung zukommt. Sie sind oft das letzte Rückzugsgebiet seltener, von intakten Wäldern abhängiger Tier-, Pflanzen- und Pilzarten. Außerdem sind sie für einige indigene Völker wie die Saami im Norden Europas oder die Komi am Ural in Russland überlebenswichtig. Wilde Wälder sind auch entscheidende Stabilisatoren eines aus den Fugen gera-

»In den meisten Ländern Europas wird in weniger als einem Prozent der landesweiten Waldfläche die Natur sich selbst überlassen.«

tenen Klimas. Sie nehmen einen riesigen Teil des klimaschädlichen Kohlendioxids auf und verlangsamen damit – zumindest bisher – die dramatischen Folgen des Klimawandels. Und nicht zuletzt bildet jeder Wald für sich ein wunderbares Stück Natur, das einen Einblick in die Naturgeschichte liefert und uns Menschen zeigen kann, wie kreativ, vielfältig und hochentwickelt Wildnis sein kann.

Es können in diesem Buch natürlich nicht sämtliche wilde Wälder Europas vorgestellt werden. Wir haben einige spannende und markante Beispiele unterschiedlicher Waldtypen aus den verschiedenen Regionen in Nord-, Ost-, Süd- und Mitteleuropa ausgewählt. Dabei folgen wir keiner streng politischen oder pflanzengeografischen Einteilung Europas. Nordeuropa wird hier betrachtet als Skandinavien und Finnland, Osteuropa als die ehemaligen Ostblockstaaten, Südeuropa als die Mittelmeerländer plus die Kanarischen Inseln und Mitteleuropa als alles, was dazwischen liegt. In diesen Regionen sind ganz unterschiedliche Waldtypen entstanden, die man meist nur noch in den wenigen erhaltenen wilden Wäldern erleben kann. In Nordeuropa wachsen die von starken Wintern geprägten lichten Kiefernwälder. Selbst die ältesten Bäume sind nicht besonders groß oder dick, und doch ist der urwaldartige Charakter der wilden Wälder an den vielen Moosen, Flechten und Pilzen deutlich zu erkennen. Zudem hat hier eine eigene indigene Kultur überdauert, das Volk der Saami, die mit und von ihren Rentieren und den intakten Wäldern leben.

In Mitteleuropa stellen besonders die wenigen übrig gebliebenen Rotbuchenwälder eine sogar inzwischen weltweite Rarität dar. Einst war die Rotbuche in ganz Mitteleuropa verbreitet. Die bis zu 45 Meter hohen Bäume bilden mit ihrem dichten Kronendach schattige Wälder, und sie sind Lebensraum für viele tausend Tierarten, darunter auch die, die auf Baumhöhlen angewiesen sind, wie Spechte, Fledermäuse, Wildkatzen, Siebenschläfer, Haselmäuse und Hornissen.

Der Osten Europas hat noch die mit Abstand größten Urwaldgebiete. Gerade im Nordwesten Russlands prägen dichte Nadelwälder aus Fichten und Tannen ganze Landschaften. Darin leben noch intakte Populationen der großen Beutegreifer Wolf, Luchs, Vielfraß und Bär.

Im Süden dagegen war der menschliche Einfluss auf die Waldlandschaft am verheerendsten. Hier sind nur noch wenige versteckte Eichen- und Buchenwälder sowie einige unzugängliche Bergwälder in ihrer wilden Form erhalten geblieben. Ein Großteil der ehemaligen bewaldeten Gebiete hat sich schon vor Jahrhunderten in verkarstete Steppen verwandelt.

Markus Mauthe ist in den vergangenen zweieinhalb Jahren in 15 Ländern all dieser Regionen unterwegs gewesen. Er hat dabei stundenlang in eisigen Nächten, in kleinsten Verstecken und selbst inmitten riesiger Mückenschwärme mit der Kamera auf den entscheidenden Moment gewartet. Mit seinem Gefühl für Licht und Stimmungen hat er diese besonderen Wälder und ihre Bewohner auf einzigartige Weise porträtiert. Dabei sind Bilder

> »Der Osten Europas hat die mit Abstand größten Urwaldgebiete. Gerade im Nordwesten Russlands prägen dichte Nadelwälder ganze Landschaften.«

entstanden von Wäldern, die neben ihrer besonderen ökologischen Bedeutung diese spezielle Ausstrahlung von Wildnis besitzen. In ihrer Vielfalt und Schönheit sind sie ganz anders als die meisten Wälder, die wir aus unserer Umgebung kennen. Natürliche wilde Wälder sind ein Meisterwerk der Natur – entstanden in Jahrtausenden und eine wahre Schatzkammer der biologischen Vielfalt. Trotz dieses einmaligen Wertes sind sie leider noch immer bedroht und gefährdet.

Das Buch soll damit auch gleichzeitig eine Aufforderung an alle Verantwortlichen sein, wieder mehr Wildnis zuzulassen, die besondere Bedeutung und Schönheit der wilden Wälder zu erkennen und sich für deren Erhalt und für den Ausbau weiterer naturbelassener Gebiete einzusetzen. Nur so kann auch den nachfolgenden Generationen etwas von diesem einmaligen Teil des europäischen Naturerbes erhalten und weitergegeben werden.

Stundenlang warten wir in unserem kleinen Versteck, versuchen jedes Geräusch zu vermeiden. Plötzlich, in der Abenddämmerung, taucht sie auf, nicht einmal hundert Meter von uns entfernt: eine Braunbärin mit ihren Jungen.

Ein unglaublicher Anblick, bei dem es uns schwerfällt, wirklich ganz still zu sein. Nicht nur, dass Braunbären hier selten geworden sind, wir werden zudem Zeugen einer wirklichen biologischen Besonderheit: Die Bärin hatte statt der üblichen zwei oder drei sogar vier gesunde Jungen – ein wahrer Glücksmoment.

Diese Begegnung fand nicht in Kanada oder im entfernten Sibirien statt, sondern in Europa, in Finnland, nur knapp eine Tagesreise von Hamburg entfernt, in einem naturbelassenen Wald, der verschont geblieben ist von der Abholzung und jetzt geschützt wird für die Bären, aber auch die dort lebenden Wölfe und die noch selteneren Vielfraße. Zu bestimmten Jahreszeiten werden für die Bären zwar Reste von Lachsen ausgelegt, um sie in dem Gebiet zu halten. Doch das Überleben dieser wunderbaren Tiere beruht hier in erster Linie auf einem natürlichen und damit gesunden Wald, der ihnen und ihren Jungen Nahrung und Schutz bietet.

Mit Skandinavien und Finnland verbinden die meisten Europäer immer noch intakte Natur und ausgedehnte Wälder. Und tatsächlich gehören Schweden und Finnland auch immer noch zu den waldreichsten Ländern der Erde, doch kaum jemand ahnt, dass die meisten dieser einst endlosen natürlichen Waldgebiete schon längst in Wirtschaftsforste für die Holz- und

> »Diese Begegnung fand nicht in Kanada oder im entfernten Sibirien statt, sondern in Europa, in Finnland.«

Papierindustrie verwandelt worden sind. Urwaldgebiete gibt es selbst im hohen Norden Europas nur noch sehr wenige.

In Dänemark existieren schon lange keine Urwälder mehr. Norwegen verfügt nur noch über ein einziges Waldgebiet, das von seiner Größe her als wirkliche Urwaldlandschaft bezeichnet werden kann. Selbst in Schweden sind nur noch wenige große Urwälder übrig, und auch die liegen alle im Norden des Landes. In Finnland befinden sich die meisten der verbliebenen Urwaldgebiete ebenfalls im Norden, und zwar in Lappland, die meisten davon in der Nähe des ehemaligen »Eisernen Vorhangs«, der Grenze zu Russland.

Bis auf die wenigen geschützten Waldgebiete werden fast alle anderen Wälder forstwirtschaftlich stark genutzt, darunter auch immer noch einige ungeschützte Urwaldreste. Daher haben sie meist auch nur noch wenig wilden Charakter. Im Gegenteil, denn gerade in Schweden und Finnland ist die übliche Methode der Waldnutzung noch immer der Kahlschlag, also das Abholzen aller oder fast aller Bäume einer gegebenen Fläche mit meist anschließender Wiederaufforstung. Nach einigen Jahrzehnten wiederholt sich dieser Prozess: erneuter Kahlschlag, Wiederaufforstung und so fort. Das ist eine der zerstörerischsten Methoden der Holzwirtschaft, weshalb viele der in diesen Wäldern lebenden Tier- und Pflanzenarten inzwischen bedroht oder sogar vom Aussterben bedroht sind.

Immer noch kommt es auch in den wenigen noch ungeschützten Urwaldgebieten zu solchen Kahlschlägen – ein Verbrechen an der Natur.

Nordeuropa

Saami, Braunbären, Vielfraß und zahllose Mücken

Das betrifft selbst weiter nördlich gelegene Waldgebiete, deren Ausbeutung ökonomisch eigentlich keinen Sinn macht. Die Bäume dort sind zwar sehr alt, aber wegen der rauen klimatischen Verhältnisse nicht besonders dick und damit auch nicht besonders holzreich. Dennoch landen viele dieser Bäume in den Zellstoffwerken, wo sie für Wegwerfpapierprodukte wie Zeitschriften und Toilettenpapier verkocht und dann exportiert werden.

Die wenigen verbliebenen wilden Waldgebiete des Nordens sind jedoch von herausragender ökologischer Bedeutung. Hier leben einer der bedeutendsten Braunbär-Bestände Europas, die größten Marder des Kontinents, die scheuen Vielfraße, Luchse, Wölfe, Elche, Waldrentiere, Biber, aber auch Greifvögel wie Steinadler und Eulen wie Uhu oder Bartkauz.

Die wahre Bedeutung der wilden Wälder im Zusammenhang mit dem alles zerstörenden Klimawandel kann man zudem gar nicht hoch genug einschätzen. Sicher ist, dass diese Urwälder riesige Mengen des Klimagifts Kohlendioxid aufnehmen. Durch das Abholzen wird ein Großteil des gebundenen Kohlenstoffs schließlich wieder als Kohlendioxid freigesetzt, was den tödlichen Klimawandel weiter anheizt. Darüber hinaus bilden die intakten Wälder im Norden Europas die Grundlage für den Fortbestand einer ganzen Kultur: die der rentierzüchtenden Saami. Noch leben einige zehntausend Saami in Lappland von und mit ihren Rentieren, die wiederum auf die wilden Wälder angewiesen sind. Im Sommer ziehen sich die Rentiere auf der Flucht vor den allgegenwärtigen und in riesigen Schwärmen auftretenden Stechmücken in die höheren Lagen zurück. Ein einzelnes Rentier kann durch Mücken bis zu einem Liter Blut pro Woche verlieren, daher verzichten die Tiere in dieser Jahreszeit lieber auf die saftigen Gräser vieler Waldgebiete. Im Winter sind sie aber auf die Flechten und Moose der Kiefern- und Fichtenwälder angewiesen, die ihnen genug Energie liefern, um den harten Winter zu überstehen.

Gerade Flechten, Pilze und Moose sind wichtige Bewohner intakter Waldgebiete. Untersuchungen haben ergeben, dass in einem Hektar eines intakten wilden Waldes rund 500 Kilogramm allein an Flechten wachsen können, in einem Hektar Wirtschaftswald aber gerade einmal fünf Kilogramm – zu wenig für die Rentiere, um zu überleben.

In Finnland haben sich daher die Saami für den Schutz dieser so wertvollen Wälder eingesetzt. Nun ist nach Jahrzehnten des Kampfes für die Erhaltung der letzten ungeschützten Urwälder Finnlands, bei dem auch Greenpeace eine entscheidende Rolle spielte, ein großer Erfolg erzielt worden. Die finnische Staatsforstverwaltung hat endlich, nachdem zahllose Waldgebiete zerstört worden sind, eine Vereinbarung unterzeichnet, nach der 2500 Quadratkilometer wilde Urwälder in Lappland geschützt oder in einigen zumindest in den nächsten 20 Jahren auf einen Holzeinschlag verzichtet werden soll. Das ist ein ganz wichtiger Sieg für die letzten Urwälder Europas. Diese Vereinbarung wurde im Herbst 2010 unterzeichnet, wenige Wochen nach unserer Begegnung mit der Bärin und ihren vier Jungen.

»Die intakten Wälder im Norden Europas sind Grundlage für den Fortbestand einer ganzen Kultur: die der rentierzüchtenden Saami.«

Ein Bartkauz fliegt – wohl auf der Jagd nach Beute – dicht über dem Boden.
Im Winter jagen die großen Eulen auch tagsüber, denn sie brauchen täglich vier Mäuse zum Überleben.

Die letzten Strahlen der Abendsonne tauchen den Winterwald in weiche Pastellfarben.

Fünf Tage fiel ununterbrochen Schnee. Die Zweige der Bäume krümmen sich unter dem Gewicht der weißen Pracht. Und doch sind die Bäume vor einem Abbrechen der Zweige oder gar des ganzen Stammes gut geschützt. Besonders die Fichten haben sich an die schneereichen Winter im Norden Europas angepasst. Ein säulenförmiger Wuchs verhindert, dass die Schneelast auf den Zweigen zu groß wird. Und doch können einige hundert Kilogramm Schnee auf einem einzigen Baum liegen. Aber der Schnee hat auch eine isolierende Wirkung und verhindert damit, dass zu kalte Temperaturen die empfindlichen Triebe schädigen.

Diese Doppelseite In nordischen Wäldern sind einige Adlerarten wie die See- und Steinadler zu Hause. Die beeindruckenden Greifvögel nutzen oft die Baumwipfel als Ansitz.
Folgende Doppelseite Einen Wintervorrat brauchen die Eichhörnchen in Nordeuropa nicht anzulegen, denn Kiefernzapfen sind reichlich vorhanden. Der größte aller europäischen Spechte, der Schwarzspecht, sucht das ganze Jahr in den Kiefern nach kleinsten Insekten – besonders nach Ameisen.

Links Kiefern sind typische Nadelbäume der nördlichen Wälder. Sie wachsen auch auf nährstoffarmen Böden.
Oben Im Mischwald sind es meist Birken, die mit ihrem frischen Grün im Frühjahr Akzente setzen.

Es sind auch die Böden, die einen im nordischen Wald immer wieder ins Schwärmen bringen können. Selbst in kleinen Urwaldresten, wie im Naturschutzgebiet bei Elimyssalo, hat man das Gefühl, sich in einer anderen Welt zu befinden. Überall dicke weiche Moospolster, die einem das Gefühl vermitteln, fast zu schweben. Dieser wilde Wald unterscheidet sich von der Monotonie angepflanzter und »gepflegter« Forstwälder. Gerade im Norden Finnlands bestehen die Waldlandschaften nicht nur aus dichten Baumflächen, sondern auch aus vielen Mooren, Sümpfen und Seen. Diese Wälder sind daher nur sehr bedingt wirtschaftlich nutzbar. Dadurch hat zumindest ein Teil dieser Region ihren wilden Charakter bewahren können.

Vielerorts sieht man jahrhunderte-
alte Kiefern, die auf den für
Skandinavien so typischen, mit
Granitbrocken überhäuften
Böden wachsen.

Der Ormtjernkampen-Nationalpark in der Provinz Oppland soll in erster Linie einen alten Wald schützen, und zwar einen richtigen kleinen Urwald. Der Nationalpark selbst ist nur 8,5 Quadratkilometer groß und besteht aus einem einzelnen Fjell, dem 1100 Meter hohen Ormtjernkampen. Doch trotz der geringen Größe konnte hier, wohl auch wegen der Abgeschiedenheit, seit Jahrhunderten eine natürliche Entwicklung stattfinden. Es fällt gar nicht auf, dass der Park so klein ist. Der Berg mit dem Park ist so in die umgebende, ursprüngliche und intakte Moor- und Flusslandschaft integriert, dass das Gebiet keinen Inselcharakter besitzt, zumal es direkt an ein weiteres Schutz-gebiet grenzt, das Ormtjernmyra-Naturreservat. Durch die kühle, wolkenlose Nacht-luft liegt ein zarter Nebelschleier über dem Wasser. Kaum ein Geräusch durchdringt diese Stille. Wenn dann zum Sonnenaufgang Licht auf Wolken, Berge und Wälder trifft und sich die Farben im Sekundentakt verändern, sind das die magischen Momen-te, die den Aufenthalt in diesem Waldgebiet zu etwas Besonderem machen.

Oben An den Hängen des Ormtjernkampen wachsen Fichten und Fjäll-Birken, eine nordische mehrstämmige und krummästige Zwergform der Birke.
Rechts Rentiere streifen durch weite Teile von Lapplands Wäldern. Wilde Waldrentiere sind selten, die meisten sind halbdomestiziert und gehören zu Zuchtgenossenschaften der Saami.
Folgende Doppelseite Singschwäne im schwedischen Sarek-Nationalpark. Sie gehören zu den größten Brutvögeln der nordischen Breiten.

Der imposante Blick vom Gipfel des Skierffe in das Flussdelta des Rapadalen gehört zweifellos zu den schönsten Naturerlebnissen, die man im schwedischen Sarek-Nationalpark erleben kann.

Der Sarek-Nationalpark gilt als eine der letzten Wildnislandschaften Europas. Ein Großteil der Region besteht aus Hochgebirge mit über 2000 Meter hohen Gipfeln und vegetationsarmen Hochebenen. Ganz anders sind dagegen die Täler. Gespeist durch die Lebensadern der Flüsse, bereichert dort ein üppiger Bewuchs die Landschaft. In den Hügeln des Vorgebirges wächst der für Lappland typische nordische Wald aus Birken, Kiefern und Fichten. Mit steigender Höhe verschwinden nach und nach die Nadelgehölze und machen einem lichten Birkenwald Platz, in dem auch eine Vielzahl unterschiedlichster kleinwüchsiger Sträucher gedeiht. Dies ist praktisch der letzte Außenposten des Waldes Richtung Norden. Zusammen mit den anderen Nationalparks der Region ist der Sarek auch Bestandteil des UNESCO-Weltkulturerbes »Laponia«.

Es ist wie eine galaktische Symphonie ohne Töne, wenn das Nordlicht über den Wäldern schwebt und farbige Schleier in den Himmel malt. Die Kompositionen dauern immer nur wenige Augenblicke und verändern sich ständig, bleiben aber unvergessen.

Mit einem kleinen Boot erkunden wir die Inselwelt des Inarijärvi im Norden Finnlands. Kurz entschlossen übernachten wir auf einer kleinen baumlosen Insel, ohne Zelt, nur in den Schlafsack gehüllt unter dem Sternenmeer – zu allen Seiten von Inseln, Wald und Wasser umgeben. Nach und nach erscheinen vereinzelte Sterne am Firmament. Über dem Wald beginnt es noch während des letzten Abendrotes an einer Stelle leicht zu schimmern. Können das Nordlichter sein? Jetzt im September? Nach einiger Zeit gibt es keinen Zweifel mehr. Die Schleier beginnen wie riesige Fabelwesen am Horizont zu tanzen. Es ist die »Aurora borealis«, das wunderbare Nordlicht. Wenn elektrisch geladene Teilchen der Sonnenwinde auf die Erdatmosphäre treffen, regen sie die dort vorhandenen Luftmoleküle zum Leuchten an und bescheren dem staunenden Betrachter ein unvergessliches Naturschauspiel. Am Horizont macht sogar ein minimales Restlicht die Landschaft des Inarijärvi durch die Langzeitbelichtung wieder sichtbar, obwohl es für das Auge längst dunkle Nacht geworden ist.

Der Inarijärvi liegt 300 Kilometer nördlich des Polarkreises. Der Golfstrom transportiert warme Luft sogar bis hierher, sodass selbst in diesen Breitengraden noch Bäume wachsen können. Um den See befinden sich die letzten großflächigen Urwaldgebiete Lapplands. Durch Gletscher geformt, ist hier im Laufe der Zeit eine in Europa einzigartige Seenlandschaft entstanden. Auf einer Fläche etwa doppelt so groß wie der Bodensee erheben sich rund 3000 Inseln und Inselchen. Deshalb erscheint einem die Region auch manchmal eher als ein Labyrinth aus Wasserstraßen denn als eine offene Seefläche. Bewachsen sind die Inseln und Ufer mit altem Kiefernwald, und die Böden sind von zahlreichen Beerensträuchern, Moosen und Flechten überzogen. Die den Waldboden dicht bedeckenden Heidelbeersträucher verwandeln die Farbe ihrer kleinen Blätter sofort nach der ersten herbstlichen Frostnacht in ein leuchtendes Rot.

Diese Doppelseite Ein naturbelassener Wald ist wie ein Mosaik aus verschiedensten Lebensgemeinschaften. Die enge Verbindung zwischen Tieren, Pflanzen und Pilzen ermöglicht erst ihre gemeinsame Existenz.
Folgende Doppelseite Der Inari-See im Norden Finnlands ist bis zu 92 Meter tief. Er ist der zehntgrößte See Europas und einer der inselreichsten der ganzen Erde.

Wölfe hatten einst wahrscheinlich das größte Verbreitungsgebiet aller landlebenden Säugetiere auf der Erde. Sie leben in der Regel in einem Rudel, einer engen Gemeinschaft mit klaren Rollenverteilungen.

Der Wolf ist der Urvater aller Hunderassen. Schon vor mehr als 100 000 Jahren begann der Mensch diese Tiere zu domestizieren, und so wurde der Wolf das erste aller Haustiere, und die Hunde, seine Nachfahren, gelten seitdem als die treuesten Begleiter des Menschen. Trotzdem wurde und wird dem Urvater der Hunde fast überall nachgestellt. Er wird verjagt und gejagt, wo immer er in der Nähe des Menschen auftaucht. Viele Sagen, Geschichten und Märchen ranken sich um den »bösen« Wolf, und meist wird er völlig zu Unrecht als mordlustiger Geselle dargestellt. In vielen Teilen Europas wurden die Wölfe bereits im 18. und 19. Jahrhundert ausgerottet. Nur in den wenigen verbliebenen Urwaldregionen hat er überlebt, und von dort aus beginnt er langsam wieder mehr Gebiete als neue Heimat zu besiedeln. Einen Wolf auch einmal in seiner natürlichen Umgebung zu beobachten, ist ein ganz besonderes Ereignis.

Anfang September sorgen vor allem die Birken mit ihrem goldenen Laub für farbige Kontraste im finnischen Wald. Es ist die ideale Zeit für ausgedehnte Wanderungen, zumal die zahlreichen Moskitos wegen der sinkenden Temperaturen längst verschwunden sind.

Der Muddus-Nationalpark liegt im schwedischen Teil von Lappland. Hier wird auf knapp 500 Quadratkilometern Fläche eine Naturlandschaft geschützt, wie sie in nordischen Ländern in diesen Breitengraden recht typisch ist. Sie besteht aus einem Nebeneinander von Mooren, Sümpfen, Seen und Wäldern, das die Wildnis so vielfältig macht. Ein Aussichtsturm, der dort für die Besucher errichtet wurde, ermöglicht eine einmalige Perspektive auf die überwiegend flache Landschaft. Der Turm steht auf einer Landzunge, die teilweise in einen See ragt und von einem alten Mischwald umgeben ist. Nur ein paar Singschwäne machen immer mal wieder ein bisschen Getöse, sonst erscheint alles ruhig und friedlich.

Oft sieht man in der Dämmerung Nebelschwaden über den Seen und Moorgebieten aufsteigen. Feuchtigkeit hat sich durch die Sonne des Tages so weit erwärmt, dass sie mit der eintreffenden kalten Nachtluft kollidiert und sich zu gespenstisch aussehenden Schwaden erhebt.

In Mittelfinnland gibt es nur noch sehr wenige Urwälder. Nahe der Stadt Kuusamo sind, besonders in der Grenzregion zu Russland, kleine Fleckchen Wald von den Holzfällern verschont geblieben und stehen nun endlich unter Schutz.

Finnisch-russisches Grenzgebiet – es ist schon ein besonderes Gefühl, wilden Bären
so nah zu sein. Zwar flüchten die Bären meist zuerst, wenn sie einen Menschen
wahrnehmen, aber Respekt sollte man auf jeden Fall vor ihnen haben. Im überwiegen-
den Teil des Jahres sind Braunbären eigentlich Vegetarier – Beeren, Gräser, Wurzeln
und Nüsse stehen dann auf ihrem Speiseplan, dazu Pilze, Insekten und Vogeleier sowie –
wann immer möglich – Honig. Doch im Herbst gilt es, sich dicke Reserven für den
langen Winter anzufressen, und das gelingt dann doch nur mit tierischer Kost. Die
Bären im europäischen Norden halten eine vier- bis sechsmonatige Winterruhe. Das
ist zwar kein Tiefschlaf, aber Nahrung nehmen sie trotzdem in diesen Monaten
nicht zu sich. Daher sind die fettreichen Fischreste, die hier im Herbst für die Bären
ausgelegt werden, sehr willkommen, da sie das benötigte Fettpolster wachsen
lassen. In dieser Zeit wird selbst die Nacht zur Nahrungssuche genutzt, und so kann
man die Tiere in der Dunkelheit durch das Moorgebiet streifen hören.

*In ganz Skandinavien leben heute
nur noch wenige Tausend
Braunbären, die europäische und
etwas kleinere Variante des
nordamerikanischen Grizzlybären.*

Eine Bärin bekommt in der Regel zwei bis drei Jungen. Eine Mutter mit vier gesunden Jungen ist eine wahre Seltenheit und diese sogar vor der perfekten Kulisse eines Waldsees mit aufgehendem Mond zu beobachten ein wirklicher Glücksfall.

Das, worin Sie gerade blättern, würde ohne einen bestimmten Baum vielleicht ganz anders heißen, vielleicht »Eich« oder »Lind«, und die einzelnen Teile, die zusammengefügt die Wörter ergeben, die Sie gerade lesen, dementsprechend »Eichstaben« oder »Lindstaben«. Aber die frühen Holzschreibtafeln wurden aus Buchenholz hergestellt, und die alten Germanen haben ihre Runen ebenfalls oft in Stäbchen aus dem harten Holz dieses Laubbaums geritzt – daher die Bezeichnungen »Buch« und »Buchstabe«.

Seit rund 3000 Jahren ist die Rotbuche, die ihren Namen dem oft rötlichen Holzton verdankt, die in Mitteleuropa von Natur aus vorherrschende Baumart. Hätte der Mensch in dieser Zeit nicht immer wieder so massiv eingegriffen, wäre Mitteleuropa wohl noch immer ein einziger riesiger Buchenwald. Mit ihrem oft säulenartigen Stamm und ihrem Kronendach, das alles unter ihr in ein mystisches gedämpftes Licht taucht, soll die Buche stilgebend für eine ganze Epoche gewesen sein – die Gotik, die im 12. Jahrhundert einsetzte und fast 400 Jahre lang prägend blieb in der Architektur und Kunst.

Eine einzige alte Rotbuche kann Unmengen an Jungbäumen hervorbringen, die dann fast alle in unmittelbarer Nähe des Stammes aufwachsen. Daher wird der Baum auch fast zärtlich als »Mutter des Waldes« bezeichnet. Und die Rotbuche trägt wohl das schönste Grün, das die Natur zu bieten hat, das intensiv leuchtende Grün frischer Buchenblätter im Mai. Im Hochmittelalter – in der Zeit vom 11. bis 13. Jahrhundert – vervielfachte sich die

»Alte Buchenwälder sind eine wirkliche Rarität. Rotbuchenwälder gehören heute zu einem der seltensten Waldtypen der Erde.«

Bevölkerung in Mitteleuropa, und damit begann die Zeit der großen Rodungen in den damals noch vorhandenen ausgedehnten und artenreichen Buchenwaldgebieten. Über 1500 Orte in Deutschland tragen die Buche in ihren Namen.

Die meisten der verbliebenen Buchenwälder wurden dann später im Rahmen einer auf reine Holzproduktion gerichteten Forstwirtschaft abgeholzt und durch schnell wachsende künstliche Fichtenmonokulturen – reine Wirtschaftswälder – ersetzt. Seitdem sind alte Buchenwälder eine wirkliche Rarität, aber auch Teil eines bedeutenden Erbes. Rotbuchenwälder gehören heute zu einem der seltensten Waldtypen der Erde; weltweit kommen sie hauptsächlich in Mitteleuropa vor.

In vielen urwaldfreien Ländern Mitteleuropas entwickelt sich aber langsam die wichtige Erkenntnis, dass man in den Wäldern auch wieder mehr Wildnis zulassen muss. In vielen Regionen entstehen nun kleine »Urwälder von morgen«. Allein in Deutschland gibt es über 600 dieser Naturschätze, leider immer noch viel zu wenige. Häufig sind sie zudem viel zu klein, denn alle zusammen ergeben nicht einmal ein halbes Prozent der deutschen Waldfläche. Das größte Waldschutzgebiet Mitteleuropas ist mit 24 000 Hektar auf der deutschen Seite und mit 68 000 Hektar auf der tschechischen Seite das Gebiet der beiden zusammenliegenden Nationalparks »Bayerischer Wald« und »Sumava«. Auch sie sind nur kleine Reste des ehemaligen Böhmerwalds, der bereits den Römern als undurchdringliche Wildnis Schrecken einflößte. Der menschliche Einfluss machte sich in diesem Teil des einstigen, unendlich

Mitteleuropa
Buchstaben, Bücher, und das Schönste aller Grüns

groß wirkenden Waldgebiets erst relativ spät bemerkbar – Mitte des 19. Jahrhunderts. Doch dann ging alles sehr schnell, und in wenigen Jahrzehnten wurden viele Bereiche des zuvor sehr artenreichen Bergmischwalds abgeholzt und auch hier in künstliche und monotone Fichtenwälder verwandelt.

Zu dieser Zeit kam es auch zur fast gleichzeitigen Ausrottung der letzten der drei großen Raubtiere: Bär, Wolf und Luchs. Damals nahm man dies jedes Mal zum Anlass für ein großes Waldfest – heute müsste umso ausgiebiger gefeiert werden, wenn es gelingen sollte, zumindest die Luchse wieder erfolgreich anzusiedeln.

Die unnatürlichen Fichtenmonokulturen dieser Nationalparks sind dabei, sich quasi von selbst und über einen Umweg wieder in einen wilden Wald zu verwandeln. 1983 hat ein heftiger Sturm einige der instabilen Fichtenbestände umgeworfen, worauf sich der Borkenkäfer in den plötzlich entstandenen großen Totholzmengen explosionsartig vermehren konnte und in der Folge einen beträchtlichen Teil weiterer noch lebender Fichten zerstörte. Ein Geisterwald aus Baumskeletten entstand. Durch die kluge Entscheidung, hier einmal nicht einzugreifen, scheint es nach nur wenigen Jahrzehnten eine gesunde, selbst einsetzende natürliche Waldentwicklung zu geben. Auf der einst artenarmen, künstlich gepflanzten Fichteneinöde wächst nun nach und nach ein an Arten reicher Mischwald, der dann auch hoffentlich seine von Natur aus bemerkenswerte Stabilität wiedererlangt. Diese naturbelassenen Reservate mitten in Europa vermitteln einen

»Durch die kluge Entscheidung, hier nicht einzugreifen, scheint es nach wenigen Jahrzehnten eine gesunde, selbst einsetzende Waldentwicklung zu geben.«

Eindruck davon, wie es hier einst ausgesehen haben mag, auch wenn die wenigsten Gebiete heute schon als Urwälder bezeichnet werden könnten. Viele dieser Wälder befinden sich im Bereich der ehemaligen Grenzen zwischen West- und Osteuropa. Wichtige Areale sind der Rothwald des Dürrensteingebirges in Österreich, der Aletschwald im schweizerischen Wallis oder die wenigen verbliebenen alten und so wertvollen Buchenwälder, wie die Heiligen Hallen in Norddeutschland, der Hainich im Osten, der Kellerwald im Westen und der Steigerwald weiter im Süden Deutschlands. In diesen Schutzgebieten lässt sich zumindest ansatzweise erleben, wie reich an Arten, reich an alten dicken Bäumen und auch reich an einer unglaublichen Schönheit und Ausstrahlung ein weniger aufgeräumter und wilder Wald sein kann. Die weltweite Bedeutung gerade der wenigen verbliebenen Rotbuchenwälder hat im Sommer 2011 zur Ernennung von fünf deutschen Buchenwäldern zum Weltnaturerbe geführt: der Buchenwald in Grumsin in Brandenburg, der Nationalpark Hainich in Thüringen, der Nationalpark Kellerwald-Edersee in Hessen, der Nationalpark Jasmund in Mecklenburg-Vorpommern sowie der Serrahner Buchenwald im Müritz-Nationalpark gehören künftig zum universellen Erbe der Menschheit. Als UNESCO-Weltnaturerbe stehen die Gebiete nun unter ganz besonderem Schutz. Auch die anderen verbliebenen wilden Wälder Mitteleuropas, als letzte Reste eines einst großen Walderbes, sollten unbedingt besser geschützt und auch dringend weiter ausgebaut und vermehrt werden.

Das Wildnisgebiet Dürrenstein ist ein Flecken wertvollster Natur und voll natürlicher

Schönheit. In diesem waldreichen Landstrich befindet sich ein kleiner, 500 Hektar

großer Mischwald, in dem seit der letzten Eiszeit möglicherweise kein Baum gefällt

wurde. Aus heutiger Sicht wäre dies eine wirkliche Sensation, gerade in einem

Land, das seit Generationen fast flächendeckend intensive Forstwirtschaft betreibt.

Heute ist der Urwald wegen seiner sensiblen Kreisläufe normalerweise für Besucher

gesperrt. Würden hier unkontrolliert viele Menschen über den Waldboden mar-

schieren, wäre ein Großteil der am Boden wachsenden Flora wie Pilze, Moose, Blumen

und Farne gefährdet. Der Urwald ist zu klein, als dass er einem großen Besucheran-

sturm gewachsen wäre.

Das frische und intensive Grün der Buchen und der dunkle Farbton der Tannen und Fichten bilden schöne Kontraste. Dazwischen erkennt man auch immer wieder tote oder absterbende Baumstämme, ein gutes Indiz für einen Naturwald.

Im Frühling scheint die Natur regelrecht zu explodieren, wie die ausgedehnten Bärlauchwiesen, die dann in feuchten Lagen blühen und einen markanten knoblauchähnlichen Duft verbreiten. Je weniger menschliche Nutzung einem Wald widerfährt, desto größer ist in der Regel seine Artenvielfalt.

Der Steigerwald im Norden Bayerns gehört zum größten Buchen-Eichen-Mischwaldgebiet in Deutschland und Mitteleuropa und ist damit auch von herausragender ökologischer Bedeutung. Gerade der nördliche Teil des Steigerwalds sollte endlich als Waldnationalpark geschützt werden, denn er gehört zu den wenigen alten Waldbeständen, die im Zentrum ihrer ehemaligen Verbreitung in Deutschland noch übrig geblieben sind. Ob die Urwälder Mitteleuropas einst – bevor der Mensch hier alles in die Hand nahm – wirklich so aussahen wie der heutige Steigerwald, ist schwer zu sagen, aber einen Eindruck und darüber hinaus auch wissenschaftliche Erkenntnisse vermittelt dieses Waldgebiet allemal.

Diese Doppelseite Das Grenzgebiet zwischen Slowenien und Kroatien ist ein wahres Natur-Eldorado. An den steil aufragenden Berghängen des Flusses Kupa, der die beiden Länder trennt, wachsen wilde Wälder.
Folgende Doppelseite Südslowenien. Natürliche Wälder sind ein wichtiger Bestandteil des natürlichen Wasserkreislaufs, wie die größen Mengen an aufsteigender Feuchtigkeit im morgendlichen Licht deutlich zeigen.

Das kleine Land Slowenien ist reich an Wäldern – über die Hälfte des Landes ist von Wald bedeckt und bietet damit immer noch eine Heimat für Bären, Wölfe und Luchse.

Der slowenische Krokar-Urwald ist mit nur 80 Hektar verhältnismäßig klein. Hier dominieren Buchen, doch es gibt auch mächtige Tannen. Im dichten Morgennebel strahlen die Baumriesen eine gespenstische Stimmung aus, und es kommt zu geradezu magischen Momenten, wenn der Dunst sich langsam auflöst. Die alten Wälder spielen auch eine wichtige Rolle im Wasserkreislauf. Besonders die Bäume und der Waldboden, aber auch alle anderen im Wald wachsenden Pflanzen speichern Wasser und geben es durch Verdunstung wieder ab, was gleichzeitig mit einer gewissen Kühlung verbunden ist. Daher herrscht in den Wäldern auch an heißen Tagen meist eine angenehme Temperatur.

Der Hallerbos-Wald in Belgien bietet eine blaue Attraktion, die sich so nur hier erleben lässt – Hasenglöckchen, die im Frühling für ein paar Tage den Waldboden in ein Meer aus blauen Blüten verwandeln. Die Blumen stammen aus der Familie der Spargelgewächse und gedeihen im Hallerbos auf den trockenen Böden in den sonst von Buchen dominierten Waldbereichen. Leider hat es in diesem Frühjahr kaum geregnet, was sich in der Menge der Blumen durchaus niederschlägt. Trotzdem ist der »blaue Wald« immer ein großartiges Erlebnis. Hallerbos liegt nur wenige Kilometer südlich von Brüssel inmitten von Gewerbegebieten und Baustellen. Eigentlich ist es kaum zu glauben, dass hier jedes Jahr so ein Naturschauspiel stattfindet.

Es wurden weltweit bisher 111 Kiefernarten entdeckt. Eine davon ist die Zirbelkiefer, die in der Schweiz auch Arve genannt wird. Arvenholz wächst sehr langsam in den hohen Gebirgslagen. Doch die Bäume können sehr alt werden, wahrscheinlich sogar bis zu tausend Jahre.

Der Aletschgletscher im schweizerischen Wallis ist eines der großen Eisfelder im Alpenraum. Der Klimawandel und die damit verbundene Erwärmung lässt das Eis der Alpengletscher in besonders dramatischer Geschwindigkeit schmelzen. Da auch dieser Gletscher seit Jahrzehnten schmilzt und sich immer weiter zurückzieht, profitiert – zumindest im Moment noch – der Wald davon, und der Arvenwald kann sich immer weiter ausdehnen. Seit 1933 ist der Aletschwald daher um rund 80 Hektar gewachsen.

Viele der Fichten im Bödmeren-
Urwald sind älter als 400 Jahre.
Die grünen Riesen dieses jahrtau-
sendealten Ökosystems haben
bereits viele menschliche Generationen überlebt.

Knapp ein Drittel der Landesfläche der Schweiz ist bewaldet. Doch wie in ganz
Mitteleuropa sind auch hier wilde Wälder rar. Im Muotatal gibt es noch den
letzten Rest eines Fichtenurwaldes, den Bödmeren. Dieser liegt in über 1400 Metern
Höhe. Für die Talbauern des Muotatales waren die Berghänge zu steil und die
Transportwege zu schwierig, als dass sich eine Nutzung gelohnt hätte. Und so ist
dieses kleine Waldgebiet nicht wie die meisten Bergwälder im 19. Jahrhundert
kahlgeschlagen worden. Der Wald erstreckt sich über ein Gebiet von 350 Hektar, von
dem rund die Hälfte noch Urwald sein soll. Die Fichten wachsen hier in dichten
Gruppen, den sogenannten Rotten, und sind nicht über das ganze Gebiet verteilt.
Außerdem haben die Fichten genau wie im Norden Europas einen eher säulenförmigen Wuchs, eine Anpassung an die großen Schneemengen. Trotz der Einmaligkeit
dieser Landschaft sind bisher nur 70 Hektar zum Waldreservat erklärt worden.

Der Blick vom 1373 Meter hohen Gipfel des Lusens im Nationalpark Bayerischer Wald fällt auf eine riesige Fläche des Hochwaldes. Während in tieferen Lagen Buchen, Fichten und Tannen wachsen, sind es in den Hochlagen nur noch die Fichten, da diese die größere Kälte und die dortigen Windverhältnisse besser vertragen.

Unzählige graue Baumskelette ragen in den Himmel. Kaum ein Baum scheint noch am Leben zu sein. Ausgelöst haben dieses Massensterben ein paar Millimeter große Knirpse, Borkenkäfer. Als Anfang der 1980er-Jahre ein Sturm viele Fichten umwarf, entschied man sich nach langen und heftigen Diskussionen, einen Großteil davon liegen zu lassen. Durch die Borkenkäfer starben zwar in den darauffolgenden Jahren eine Menge Fichten, doch inzwischen entstand in dem fast 4000 Hektar großen »Meer der grauen Skelette« ein viel artenreicherer Wald, als er es vorher war. Erst wuchsen Pilze, Moose, Himbeeren, Wildrosen, Enzian, Disteln, Birken, Eschen und auch wieder junge Fichten. Den neuen Pflanzen folgten die Tiere, wie Schmetterlinge, Wildbienen, Salamander, Haselmaus und Haselhuhn und eine Menge mehr. Es hat sich gezeigt, dass Katastrophen wie ein starker Sturm die Entwicklung in einem wilden Wald nicht nachhaltig schädigen müssen. Im Fall des Bayerischen Walds konnte man sich sogar vom Gegenteil überzeugen. Der Wald ist heute reicher und stabiler als zuvor.

Eines der bedeutendsten Naturwaldareale Deutschlands ist das Höllbachgespreng im Nationalpark Bayerischer Wald.
Jahrhundertealte Fichten haben dem Ansturm der Borkenkäfer standgehalten und demonstrieren damit eindrucksvoll ihre Stabilität und Stärke –
man könnte auch sagen ihre Überlegenheit – gegenüber den von Menschen gemachten, empfindlichen Forstwäldern.

Sie fallen fast wie Schnee vom Himmel, zuerst ist es nur ein kleiner Schwarm, doch nur einen Augenblick später kommt es zu einer wahren Invasion. Der Himmel ist überdeckt mit kleinen schwarz-weißen Punkten, die sich in einer Art geordnetem Chaos den Bäumen nähern. Der Lärm, der durchs Tal hallt, ist gewaltig. Es dauert ungefähr eine Dreiviertelstunde, bis kaum ein Ast mehr ohne Bewohner ist und die Vögel langsam ruhiger werden. Und dieses Schauspiel wiederholt sich für einige Tage – immer abends, fast exakt zur gleichen Zeit. Rund vier Millionen Bergfinken versammeln sich zum Schlafen, doch daran ist in der ersten Zeit des Zusammentreffens nicht zu denken. Das anfängliche leichte Gezwitscher weniger Vögel geht, je mehr Vögel sich versammeln, in einen wilden, alles übertönenden Lärm über, der nur langsam wieder abschwillt. Tagsüber suchen die Vögel in einem Umkreis von einigen zehn Kilometern nach Nahrung. Dabei bevorzugen sie offensichtlich Bucheckern, und von diesen gab es sehr viele in diesem Jahr.

Links Kraniche gelten in einigen Ländern als Symbole für Wachsamkeit und ein langes Leben sowie als »Vögel des Glücks«.
Sie brüten überwiegend in nassfeuchten Wäldern, wie in diesem Erlenbruchwald im Norden Deutschlands.
Oben Buchen werden meist zwischen 200 und 300 Jahre alt, sie erreichen in seltenen Ausnahmen über 400 Jahre. Doch sogar
nach ihrem Tod »leben« sie weiter, wie hier in den Heiligen Hallen, einem der ältesten Buchenwälder und Waldreservate Deutschlands,
indem sie die Grundlage für neues Leben bilden – wie zum Beispiel für Baumpilze, Moose sowie Insekten und deren Larven.

In den unzugänglichen Sandsteinformationen im Nationalpark Sächsische Schweiz haben naturnahe Schluchtwälder aus verschiedenen Nadel- und Laubbaumarten überlebt. Doch es sind nicht nur die Bäume, die einen wilden Wald ausmachen – verborgen im Laub leben viele kleine Bewohner wie Salamander, Waldmaus, Buchensprössling oder Ringelnatter.

An den Hängen der Nordseite des hessischen Edersees befindet sich ein ganz besonderer Eichenwald: der »Kahle Hardt« –
ein lichter Wald aus knorrigen, zwergenhaften Traubeneichen. Die bewegte Geschichte der Region, in der viele Kinder durch die harte Arbeit in den
engen dunklen Gruben der Erzbergwerke an Zwergenwuchs litten, gilt als Ursprung der Geschichten um die »Sieben Zwerge«.

*Der Hasbruch ist ein 630 Hektar
großes Naturschutzgebiet im
Oldenburger Land – ein Wald, der
seit dem Mittelalter bereits als
Weidewald genutzt wurde. Deshalb
sind hier besonders viele mächtige, alte Eichen erhalten geblieben.
Ihre Früchte waren für die dama-
lige Schweinemast von großer
Bedeutung.*

Ganz ähnlich beeindruckend ist der wilde Sababurg-Urwald, ein Teil des sagenum-
wobenen Reinhardswalds nördlich von Kassel. Hier prägen knorrige jahrhundertealte
Eichen das Bild des Waldes. Dabei sind es genau diese Bäume, die trotz ihres Alters
kaum etwas mit echtem Urwald zu tun haben. Denn auch hier war es nicht die Natur,
sondern der Mensch, der die Struktur des Waldes geprägt hat, indem er ihn als
Weidewald für das Hausvieh genutzt hat. Die alten Eichen sind Überreste dieser alten
Nutzungsform, die vom Mittelalter bis ins 19. Jahrhundert viele Wälder in Mitteleuropa
geformt hat. In diesen sogenannten Hutewäldern wurden die Stieleichen nicht
abgeholzt, sondern bewahrt und sogar zusätzlich neue gepflanzt, sodass die Haustiere
der Bauern unter den Bäumen mit Eicheln gemästet werden konnten. Erst als die
Hutewirtschaft zurückging und die Flächen hauptsächlich mit Fichten und Kiefern
aufgeforstet wurden, änderte sich die Struktur des Waldes wieder.

An einem klaren, kalten Winterabend eröffnen sich vom Brockengipfel aus wunderbare Ausblicke auf die Fichtenwälder im Nationalpark Harz.

*Innerhalb der Grenzen des National-
parks bleibt die Natur wieder
sich selbst überlassen. Hier entsteht
langsam ein neuer wilder Wald.
In den Sagen und Mythen ist der
Blocksberg im Harz ein wichtiger
Versammlungsort von Hexen. Heute
nennt man ihn einfach Brocken.
Er ist 1100 Meter hoch und die größte Erhebung im Harz.*

Ein meist lichter, aber ab und zu auch wieder dichter, fast natürlicher Wald aus

jahrhundertealten, säulenförmigen Fichten steht unterhalb des Brockengipfels.

Am Urwaldsteig haben die Bäume die lange Ausbeutung durch Bergbau und die damit

verbundene Holznutzung überstanden. Das jahrzehntelang gesperrte und damit

nicht genutzte Gebiet um den »Eisernen Vorhang«, die innerdeutsche Grenze zwischen

Ost und West, hat ebenfalls die Entstehung einer »neuen« Wildnis begünstigt.

Der wochenlange Dauerfrost, die ausgedehnten Schneefälle, wie seit vielen Jahren

nicht mehr, haben gemeinsam mit dem starken Wind die Fichten mit einer festen

Schneeschicht überzogen.

Durch die Kombination aus klirrender Kälte und hoher Feuchtigkeit wirken die mit Raureif und Eis überzogenen Bäume wie eingezuckert.

Ein einziges riesiges Waldgebiet, fast doppelt so groß wie die Schweiz – unglaubliche 7,9 Millionen Hektar intakte Wildnis in Europa. Ein paar hundert Kilometer östlich eine weitere gigantische Urwaldlandschaft, 5,5 Millionen Hektar und damit fast eineinhalb Mal so groß wie die Niederlande.

Diese beiden gewaltigen Areale, das Timan- und das Komi-Perm-Waldgebiet, bilden die größten wilden Waldlandschaften Europas. Sie liegen im nordwestlichen Teil der russischen Taiga, dem Waldgürtel im Norden Russlands. Das Timan-Gebiet ist eine Waldwildnis mit dichten Nadelwäldern aus Fichten und Tannen, durchsetzt von vielen großen Sümpfen und Mooren. Die Bäume dort sind niedriger, und man stößt hier auch auf Kiefern, Zitterpappeln und besonders häufig auf Birken. Der riesige Komi-Perm-Wald am Ural besteht dagegen überwiegend aus Fichten und Tannen, die – besonders in den südlichen Abschnitten – mit Birken und Pappeln durchmischt sind.

Allein im europäischen Teil Russlands befinden sich noch über 20 große intakte Urwaldgebiete, mit einer Fläche von zusammen über 32 Millionen Hektar. Und damit liegen über 90 Prozent aller großen Urwaldgebiete Europas im Nordwesten der russischen Taiga. Dazu zählen inzwischen sehr selten gewordene Waldtypen wie der bedeutende Dvinsky-Urwald, mit eineinhalb Millionen Hektar rund 40 Mal so groß wie der Bayerische Wald oder auch so groß wie ganz Schleswig-Holstein, oder der Oniga-Urwald, der die gesamte Oniga-Halbinsel bedeckt und – einmalig in ganz Europa – auf hunderten von Kilometern direkt bis ans Meer reicht. Auch der inzwischen zum Nationalpark

> »Über 90 Prozent aller großen Urwaldgebiete Europas liegen im Nordwesten der russischen Taiga.«

erklärte Kalevala-Wald, einer der letzten karelischen Urwälder, direkt an der finnischen Grenze gelegen, gehört dazu. Eine weitere ökologische Waldrarität wächst an der Grenze zu Asien im Kaukasus – ein auf der Erde wohl einzigartiger Urwald aus großen Nordmann-Tannen, Orient-Buchen und Eisenholzbäumen. Dieses Waldgebiet ist die Heimat vieler seltener und nur hier lebender Tier- und Pflanzenarten wie der Kaukasus-Wisente und der Kaukasus-Leoparden, einer der bedrohtesten Tierarten Europas. Von diesen Leoparden existieren nach Schätzungen leider nur noch weniger als 50 Exemplare, die letzten und einzigen in Europa in Freiheit lebenden Leoparden.

Neben diesen Urwäldern hat Russland noch tausende »kleinerer« wilder Wälder vorzuweisen, von denen einige sogar kulturhistorisch bedeutsam sind, wie zum Beispiel die wilden Sasiki-Wälder rund 200 Kilometer südlich von Moskau. Diese dichten Mischwälder mit ihrem reichen Bestand an alten, großen und dicken Bäumen dienten seit dem Mittelalter diesem Teil Russlands als regelrechter Schutzwall vor einfallenden Reiterhorden. Aufgrund der geringen menschlichen Nutzung in den letzten 400 Jahren sind hier wieder viele mächtige alte Bäume herangewachsen. Inzwischen haben diese Wälder wieder eine bedeutende Schutzfunktion, nun jedoch in ökologischer Hinsicht: als Rückzugsgebiete für viele bedrohte Arten.

Und doch sind selbst in der unendlich erscheinenden russischen Taiga der menschliche Einfluss und die menschliche Nutzung allgegenwärtig. Nur in einem kleinen Teil der Wälder blieb der natürliche Urwaldcharakter

Osteuropa
Riesenwälder, Wisente und der russische Bär

erhalten, und sogar in diesen sind Spuren menschlicher Eingriffe wie Holznutzung, Jagd oder auch Brandrodung zu finden. Umso bedeutsamer sind diese letzten unberührten Waldareale Russlands für Tierarten, die auf eine intakte Wildnis und intakte Wälder angewiesen sind. Dazu zählen das Waldrentier, die Wildkatze oder der größte Marder Europas, der scheue Vielfraß. Darüber hinaus überleben viele der großen Beutegreifer in Russland, darunter Uhus, Wölfe, Luchse und auch Braunbären. Allein von den geschätzten 50 000 Bären, die es in Europa noch geben soll, leben rund 70 Prozent im europäischen Teil Russlands. Diese ursprünglichen und reichen Wälder bilden zudem die Lebensgrundlage vieler Menschen. Für zehntausende ist besonders der Verkauf von gesammelten Beeren und Pilzen eine bedeutende, wenn nicht sogar die wichtigste Einnahmequelle – wie für viele Menschen aus dem Volk der Komi am Ural oder der Pomori auf der Oniga-Halbinsel.

In allen anderen Ländern Osteuropas existieren leider nur noch sehr wenige dieser wertvollen wilden Wälder. Eine intakte Urwaldlandschaft von mehr als 50 000 Hektar befindet sich nur noch in Rumänien. In den Zentral-Karpaten ist einer der größten Buchenwälder Europas mit bis zu 400 Jahre alten Bäumen erhalten geblieben. Dieses Waldareal erstreckt sich sowohl über die höheren Lagen als auch – was anderswo kaum noch vorkommt – über die flacheren Regionen und ausgedehnten Täler. Deshalb leben hier auch noch bedeutende Populationen von Braunbären, Wölfen, Luchsen und Wildkatzen.

»Für zehntausende ist der Verkauf von gesammelten Beeren und Pilzen eine bedeutende Einnahmequelle – wie für das Volk der Komi und der Pomori.«

Ein anderer wilder Wald in Osteuropa liegt im Grenzgebiet von Polen und Weißrussland, der Wald von Białowieża. Ein Drittel dieses Waldes liegt auf der polnischen und zwei Drittel auf der weißrussischen Seite. Es handelt sich dabei um einen der seltenen naturbelassenen Flachlandwälder.

Dieses Mischwald- und Erlenbruchgebiet war das bevorzugte Jagdrevier der ehemaligen polnischen Könige. Es stand deshalb viele Jahrhunderte unter besonderem Schutz und entging so der Abholzung. Heute ist das Gebiet nicht nur bekannt wegen seiner reichen Pflanzen- und Tierwelt, sondern auch wegen der dort heimischen Wisente. Die einst von Spanien bis nach Schweden und vom Atlantik bis zum Schwarzen Meer durch die Wälder streifenden großen Wildrinder wurden schon in der Steinzeit gejagt, wie die Höhlenmalereien in Lascaux in Südfrankreich belegen. Nachdem 1927 der letzte noch in Freiheit lebende Wisent im Kaukasus gewildert wurde, galten sie in ganz Europa als ausgerottet. 1952 wurden nach intensiven Zuchtversuchen mit Zootieren einige der Wildrinder ausgesetzt, woraus sich tatsächlich wieder einige freilebende Populationen entwickelt haben. Heute bevölkern rund 2000 Wisente die Wälder Europas, besonders im Osten, und davon rund ein Viertel allein den Wald von Białowieża. Das größte lebende Landsäugetier Europas konnte sich in Freiheit nur wieder verbreiten, weil es noch einige dieser natürlichen Waldgebiete gab. Das zeigt, wie bedeutend und wertvoll gerade die wilden Wälder sind und wie wichtig es ist, sie zu schützen, selbst in dem noch relativ waldreichen Osteuropa.

In Rumänien existiert außerhalb Skandinaviens und Russlands die einzige verbliebene großflächige
Urwaldlandschaft in Europa. Diese befindet sich besonders im und um das Karpatengebirge.

Die rumänischen Karpaten sind von jeher nur dünn besiedelt. Hier konnte sich daher ein Wald erhalten, der bisher nur wenig genutzt und kaum abgeholzt wurde. Unter der Führung eines einheimischen Försters beginnt früh am Morgen eine Wanderung tief hinein in den Urwald der Karpaten. Wenige Minuten nach Verlassen des Waldpfades wird deutlich, dass es sich hier tatsächlich um einen fast unberührten Urwald handelt. Es geht einen Bergbach entlang, und ringsherum ist der Frühling bereits in vollem Gange. Atemberaubend schön ist das einmalige intensive Grün, das nur frische Buchenblätter haben. Neben den dominanten Buchen sind es vor allem jahrhundertealte Tannen, die das Bild prägen. In diesem Zauberwald gedeihen auch viele andere Baumarten wie Ahorn, Esche, Fichte und wilde Kirsche, die hier – zusammen mit den tierischen Waldbewohnern – jede Wanderung zu einem wirklichen Erlebnis werden lassen.

Links und oben Der Waldboden des Karpatenurwalds ist voller Leben. Leider stehen in diesem Gebiet bisher nur die wenigsten Urwaldgebiete unter wirklichem Schutz.
Vorherige Doppelseite Bäche aus klarstem Wasser stürzen sich durch die Geröllfelder der Bergwälder.

Selbst im letzten großen Urwald-
gebiet Europas (außerhalb
Nordeuropas und Russlands) in
den rumänischen Karpaten
wird für die Holzindustrie wieder
eingeschlagen. Somit droht die
Zerstörung dieses einzigartigen
Waldgebiets.

Die Urwälder, so intakt und unberührt sie an vielen Orten noch scheinen, verschwinden besonders in den holzreichen und leichter zugängigen Tälern in erschreckender
Geschwindigkeit. Wo vor wenigen Jahren noch lückenlose Urwälder standen, klaffen
heute vielerorts Löcher, die wie große Wunden wirken. Diese Zerstörung ist umso
dramatischer, da gerade diese Wälder einen wichtigen Lebensraum für seltene Tierarten wie Luchs, Wolf, Braunbär, Wildkatze, Fischotter, Uhu und Auerhahn bilden.
Die Urwälder Rumäniens brauchen dringend Schutz, denn sie gehören zu den letzten
ihrer Art in ganz Europa.

Der Retezat ist einer der höchsten Gipfel in den rumänischen Karpaten. Hier leben unter anderem noch Steinadler, Mönchs- und Gänsegeier.
Im gleichnamigen Nationalpark steht bisher nur ein kleiner Teil der wertvollen Urwälder unter Schutz.

Im polnisch-weißrussischen Białowieża-Nationalpark leben wieder knapp 2000 Wisente – sie stammen alle von den wenigen Zootieren ab, die 1952 dort ausgewildert wurden. Die letzten wilden Wisente wurden zu Beginn des 20. Jahrhunderts geschossen – damit war das größte lebende Landtier in ganz Europa ausgerottet.

Die kleine Wisentherde steht inmitten eines Feldes auf offener Fläche. Nur mit einem übergestülpten Tarnzelt können wir uns den scheuen Tieren langsam nähern. Das Tarnzelt ist grün, es könnte aber auch lila sein. Die Farbe spielt keine Rolle, selbst ein weißes Tarnzelt in verschneiter Umgebung würde deshalb nichts nützen. Die Tiere reagieren vielmehr auf Bewegung. Es ist sehr anstrengend, sich vorsichtig Meter um Meter zu nähern, ohne die Tiere aufzuschrecken. Das Zelt hält zumindest den Wind ab, und es lässt sich so viel länger in der Eiseskälte aushalten. Die Nahrung in schneereichen Wintern ist für die Wisente meist karg und besteht gerade am Ende der kalten Jahreszeit zunehmend nur noch aus Baumrinde.

Der Białowieża-Wald gilt als einer der wenigen naturnahen und in einigen Teilen wieder wilden Tieflandwälder Europas.

Dicke Wolken und Dauerregen liegen über dem Komi-Urwald. Doch schon bald

beginnen die Wolken sich aufzulockern, und so fliegen wir hinein in ein regelrechtes

Inferno aus Licht, Schatten, Wolken und Regenwänden. Es ist grandios. Wir folgen

dem Verlauf eines der großen Flüsse in das Gebiet, das seit 1995 Teil des UNESCO-Welt-

naturerbes ist. Unter uns die russische Taiga, die hier alles aufzubieten scheint –

dichten uralten Fichtenwald, lachsreiche Flussläufe, schneebedeckte Berggipfel, eine

geradezu endlos erscheinende Wildnis, einmalig in ganz Europa.

Der Schtschugor ist eine von vielen Lebensadern im Komi-Urwald. Der lachsreiche Fluss entspringt im Norden des Ural-Gebirges und mündet nach rund 300 Kilometern in einen der größten Flüsse Europas, den riesigen Petschora, der wiederum in das Nordpolarmeer fließt.

*Von oben betrachtet wirkt der riesige Wald in vielen Teilen wie eine perfekte Mischung aus
Nadel- und Laubbäumen. Dabei handelt es sich meist nur um zwei Baumarten: Fichten und Birken.*

Mit zwei Booten folgen wir dem Lauf des Schtschugor, einem Nebenfluss des
Petschora. Immer wenn wir anlanden und der Fahrtwind abflaut, kommt es nach
wenigen Sekunden zu Begegnungen, die eine ansonsten wundervolle Wildnis
recht anstrengend machen. Sofort umschwirren uns erst dutzende, dann hunderte
von Mücken, immer auf der Suche nach Lücken in unserer Kleidung oder dünnem
Stoff, um von unserem Blut zu saugen. Bei jedem Gang in den Wald, der unmittelbar
am Ufer beginnt, entdecken wir eine Vielzahl von Pflanzen, die in voller Blüte
stehen. Die Bäume selbst sind in diesen Breitengraden nicht sonderlich groß, was an
dem rauen Klima, den langen und kalten Wintern liegt. Die vielen Flechten, die
überall von den Zweigen herunterhängen, sind ein Zeichen für alte, intakte Wälder
und ein Indikator für sehr reine Luft.

Der Urwald hat alle Eigenschaften einer unberührten Wildnis – dazu gehört auch die Vielzahl von Blütenpflanzen.

Oben und rechts Oberhalb der Baumgrenze, zwischen den Geröllfeldern, stößt man auf eine Vegetation aus vielerlei Moosen, Flechten und kleinsten Blütenpflanzen, die sich den rauen Lebensbedingungen angepasst haben.
Folgende Doppelseite Auch die Berggipfel sind Teil der Komi-Urwaldlandschaft, obwohl sie nur mit kleinen Bäumen spärlich bewachsen sind.

Noch vor wenigen tausend Jahren gab es auch in Südeuropa ausgedehnte Waldgebiete von Portugal bis zur Türkei, von den Küsten des Atlantiks bis zum Schwarzen Meer. Selbst die Mittelmeerinseln, die großen wie Sizilien, aber auch die kleineren wie Korfu, waren dicht bewaldet. Hier wuchsen Stein- und Korkeichen, Olivenbäume, Buchen, Pinien und andere Kiefernarten sowie Lorbeerbäume, die im Mittelmeerraum einst ganze Landschaften geprägt haben. Dazu kamen die bereits in der Antike aus Asien eingeführten Zedern und Zypressen.

Doch im Süden Europas, besonders entlang der Küsten des Mittelmeeres, begannen die Menschen schon sehr früh mit den Entwaldungen. Es ging ihnen um die Gewinnung von Ackerflächen und um Bau- und Brennmaterial. Die Baumbestände ganzer Wälder wurden außerdem für die Herstellung von Holzkohle und damit zur Eisenproduktion genutzt. Und schließlich benötigte man in der Antike und den darauffolgenden Jahrhunderten viel, sehr viel Holz für den Bau von Schiffen.

Mit dem Verschwinden der ursprünglich vorherrschenden Stein- und Korkeichen wuchs an deren Stelle eine Art Buschwald aus immergrünen hartlaubigen Sträuchern, Macchie genannt. Nicht einmal diese Sträucher hatten Bestand; auch sie wurden, da sie sich als Brennmaterial eigneten, in vielen Gebieten abgeholzt. Ohne die Wälder verloren die Böden an Halt und die Kapazität, Wasser zu speichern – mit der dramatischen Folge der Bodenerosion. Zusätzlich erwärmte sich das regionale Klima, da es ohne Wälder

> **»Als sich Rom als Seemacht etablierte, zog die Abholzungswelle für die anwachsenden Kriegsflotten westwärts. Nahezu alle küstennahen Regionen wurden erfasst.«**

entscheidend weniger regnete. Wälder speichern eben nicht nur enorme Mengen Feuchtigkeit, sondern geben riesige Mengen auch wieder durch Verdunstung ab, was zu Niederschlägen führt. Die einst fruchtbaren Gebiete um das Mittelmeer versteppten immer mehr. In einigen Teilen sind bereits sehr früh wüstenähnliche baumlose Steppen mit vertrockneten Böden entstanden. Ganze Landschaften verkarsteten und haben sich bis heute nicht mehr davon erholt.

Wiederaufforstungen in der Antike, im Mittelalter und in der frühen Neuzeit gab es so gut wie nicht, und sie wurden im größeren Stil erst in den letzten Jahrzehnten initiiert. Seit den 1970er-Jahren werden in Spanien, Griechenland und Portugal wieder Bäume angepflanzt. Doch anstelle der ursprünglich heimischen Gewächse werden oft fremdländische Baumarten angesiedelt wie zum Beispiel der schnell wachsende Eukalyptus. Diese ökologisch unsinnige Politik erfolgt sogar mit staatlicher Unterstützung und finanzieller Förderung durch die Europäische Gemeinschaft.

Ein Zusammenhang zwischen den in Südeuropa immer häufiger auftretenden verheerenden Waldbränden, den geringeren Niederschlägen, der Abholzung der natürlichen Wälder und der Anpflanzung der unnatürlichen Waldmonokulturen ist mehr als deutlich.

In ganz Südeuropa gibt es keine ursprünglichen Urwaldlandschaften mehr. Nur einigen wenigen kleinen Waldgebieten ist es gelungen, entweder eine Art urwaldähnlichen Charakter zu bewahren, oder sie sind zumindest

Südeuropa

Schiffe, Korkeichen, Pardelluchs und der größte Lorbeerwald der Erde

dabei, ihn wieder zu entwickeln. So wachsen in den Bergen Korsikas in schwer zugänglichen Tälern einige kleine Wälder, in denen korsische Schwarzkiefern noch sehr ursprüngliche Bergwälder bilden. Diese natürlich nur dort vorkommende Kiefernart kann extreme Wetterbedingungen ertragen und ein Alter von über 800 Jahren erreichen.

In Spanien und Portugal gibt es noch einige wenige wilde Korkeichenwälder. Auch hier können die Eichen viele Jahrhunderte alt werden. Für ihre Besitzer stellt nicht das Holz der Bäume ihren Hauptwert dar, sondern ihre kostbare Rinde, die auch noch heute als Flaschenverschluss weltweit begehrt ist. Gerade diese Wälder sind die Heimat vieler bedrohter Arten. Die stark gefährdeten spanischen Kaiseradler oder die bedrohten Schwarzstörche nutzen diese Korkeichen gerne als Nistplätze. Aber auch der inzwischen sehr seltene Pardelluchs, die zweite europäische Luchsart, hat hier sein Revier. Diese große Wildkatze geht in den Korkeichenwäldern auf die Jagd nach Wildkaninchen, ihre Lieblingsbeute und -speise. Gerade das Fehlen von ursprünglichen Waldgebieten hat dazu geführt, dass der nur in Spanien und Portugal beheimatete Luchs – der daher auch Iberischer Luchs genannt wird – inzwischen weltweit zu den bedrohtesten Katzenarten gehört.

Italien hat im Süden noch einige wenige, leider sehr kleine urwaldähnliche Mittelmeerwälder. So findet man auf der Halbinsel Gargano einen Mischwald, der möglicherweise den Wäldern ähnelt, die einst große Teile Italiens bedeckt hatten. Im Norden, in den Bergen der Abruzzen, gibt es wilde Wälder, in denen noch der europäische Braunbär und sogar einige Wölfe zu Hause sind. Auch im östlichen Teil des Mittelmeeres, im Balkangebiet, wachsen noch ein paar wahre Waldschätze. Selbst in dem kleinen Slowenien sind noch Bären, Wölfe, Luchse und Wildkatzen beheimatet, weil dort im Nationalpark Triglav oder im Hornwald bei Kočevski Rog einige artenreiche Mischwälder unter Schutz gestellt wurden.

Im benachbarten Kroatien ist eine Naturlandschaft erhalten geblieben, die so einmalig ist, dass sie als eine der ersten Landschaften weltweit in das Weltnaturerbe der UNESCO aufgenommen wurde – die Plitvicer Seen. Es handelt sich dabei um ein einzigartiges Naturschauspiel aus 16 türkisblauen Seen, die auf verschiedenen Höhen liegend durch Wasserfälle oder unterirdisch miteinander verbunden sind. Dieses Gebiet diente in vielen Filmen als Kulisse, unter anderem auch in Teilen der Verfilmung der Winnetou-Trilogie von Karl May. Die spektakuläre Wasserlandschaft lenkt aber ein wenig ab von den Mischwäldern, die im Schutzgebiet gedeihen, wilde Wälder, die ebenfalls zu den beeindruckendsten ihrer Art in ganz Europa gehören.

Die wenigen verbliebenen wilden Wälder im Süden Europas sollten beispielgebend sein. Sie sollten dazu anregen, noch weitere und größere Schutzgebiete auszuweisen – und dies müsste hohe Priorität haben, um die Natur in Südeuropa zu schützen und zu erhalten.

> **»Wiederaufforstungen in der Antike, im Mittelalter und in der frühen Neuzeit gab es so gut wie nicht.«**

In den Abruzzen gibt es noch einige der ganz wenigen erhaltenen Buchenwälder in Südeuropa.

Selbst in Italien treffen wir noch auf eine kaum für möglich gehaltene Wildnis:
die Berge und Wälder der Abruzzen – von den Menschen der Region auch stolz als das
kleine Tibet bezeichnet. In dem waldreichen Gebirge wachsen hauptsächlich Rot-
buchen – in Italien eine Seltenheit –, da die Buchenwälder Südeuropas schon vor vielen Jahrhunderten fast überall komplett abgeholzt wurden. Der rund 50 000 Hektar
große, nur 120 Kilometer östlich von Rom gelegene Nationalpark ist berühmt für
die hier noch lebenden 30 bis 40 Braunbären und etwa 50 Wölfe, von denen wir aber
keinerlei Spuren antreffen. In diesem Gebirge leben auch einige hundert Gämsen.
Es sind Abruzzengämsen, die in freier Wildbahn nur hier vorkommen. Doch das größte
Erlebnis haben wir kurz vor Sonnenuntergang – eine kleine freie Wiese, umgeben
von Wäldern und Bergen – ein leuchtendes blaues Meer aus wilden Stiefmütterchen.

Die Vielfalt der wilden Wälder ist immer wieder ein Erlebnis – genau wie die Vielfalt der Farben, vom Grau und Braun umgestürzter Stämme und gefallenen Laubes bis zu den leuchtend bunten Farben blühender Wildblumen.

Der »Foresta Umbra«, was übersetzt der »dunkle« oder der »schattige Wald« bedeutet, macht seinem Namen alle Ehre.

Sie bildet den Sporn am Stiefel Italiens, die Halbinsel Gargano, Heimat eines der letzten Naturwälder Süditaliens. Hier gibt es sowohl Pinien- als auch Buchen-mischwälder. Was diesen mediterranen Mischwald am deutlichsten von anderen Wäldern weiter im Norden unterscheidet, ist der immergrüne Strauchbewuchs, der zwischen den großen Bäumen weite Teile des Waldbodens bedeckt. Außerdem sind die langstämmigen Buchen nicht selten von Lianen und Efeu bewachsen, die dem Wald eine dschungelähnliche Atmosphäre verleihen, der er auch seinen Namen – »Foresta Umbra« – verdankt.

Bereits 1979 wurde das Gebiet der Plitvicer Seen und ihrer umgebenden dichten Mischwälder als eines der ersten Gebiete weltweit in die Liste des UNESCO-Weltnatur-erbes aufgenommen. Nach den strengen Kriterien der UNESCO gilt es als »ein Natur-gebiet von so natürlicher Schönheit und von außergewöhnlichem universellen Wert«, und es sei so »außergewöhnlich, dass es die nationalen Grenzen durchdringt und sowohl für gegenwärtige als auch für zukünftige Generationen der gesamten Mensch-heit von Bedeutung ist«. Aber das Gebiet faszinierte die Menschen nicht erst seit einigen Jahrzehnten, sondern es zog bereits die Römer, Goten, Awaren, Mongolen, Osmanen, Serben und schließlich die Kroaten an. So ist das von Gebirgen umgebene Gebiet schon seit Jahrtausenden menschlichen Einflüssen ausgesetzt – umso erstaunlicher, dass sich hier noch immer eine so reiche Flora und Fauna mit vielen endemischen, also nur hier vorkommenden, Arten erhalten konnte.

In dem glasklaren Wasser der durch das kalkhaltige Gestein grünlich und türkisblau schimmernden Seen leben auch viele Fischarten wie Forellen und Bitterfische.

Bei absoluter Windstille gibt es nahezu perfekte Spiegelungen wie hier an einem der größeren Seen von Plitvice.

Oben und rechts Von großer Bedeutung für einen wilden Wald ist das Holz sterbender oder bereits abgestorbener Bäume.
Es bildet eine wichtige und sogar notwendige Grundlage und den Lebensraum vieler Pflanzen, Tiere und Pilze.
Folgende Doppelseite Nördlich von Gibraltar im Naturpark Los Alcornocales wachsen die wohl größten noch existierenden
Korkeichenwälder im gesamten Mittelmeerraum.

Immer wenn die Rinde der Korkeiche wieder nachgewachsen ist – etwa nach acht bis zwölf Jahren –, wird sie erneut abgeschält. Aber immer nur auf einem Teil des Stammes, damit der Baum sich wieder erholen kann.

Schon im Mittelalter haben Spanier und Portugiesen fast das gesamte Holz ihrer einst reichen Kork- und Steineichenurwälder zu Prunk-, Kriegs- und Handelsschiffen verbaut sowie für die Flotten zur Entdeckung der neuen Kontinente. Nun existieren nur noch kleine Reste dieses faszinierenden Waldtyps.

In Los Alcornocales ist, begünstigt durch die vielen Niederschläge, die für ein feuchtes Klima sorgen, ein Waldgebiet entstanden, das schon fast an einen sub-tropischen Regenwald erinnert. Diese Wälder sind auch als ein wahres Vogelparadies bekannt, Vogelstimmen und -gesänge sind hier allgegenwärtig. Zu dieser Vogel-welt gehören auch die auf den großen Korkeichen nistenden Kaiseradler und Schwarz-störche.

Die Korkeiche ist ein ganz besonderer Baum. Schon früh hat man den Wert und den Nutzen der weichen, leicht zu verarbeitenden und doch wasserdichten Rinde dieser Eiche erkannt.

*Auf der überwiegend gebirgigen
Mittelmeerinsel Korsika haben
sich einige Wildnisgebiete erhalten
können.*

Die wilden Wälder Korsikas haben nur überlebt, weil sie in einer abgelegenen,
schwer zugänglichen Region hoch in den Bergen dieser schroffen Insel wachsen. Sonst
wäre es ihnen sicherlich ergangen wie den meisten Waldgebieten Südeuropas.
Um zu ihnen zu gelangen, muss man erst den immergrünen Buschwald der Macchie
durchqueren, der die Hänge in den tieferen Lagen mit wenige Meter hohen Sträuchern wie Lavendel, Ginster oder Wacholder überzieht. Gelegentlich wachsen hier
auch Steineichen und Strandkiefern.

     Ab tausend Metern Höhe trifft man plötzlich auf riesige Bäume mit geradem
Stamm von großem Durchmesser – jahrhundertealte korsische Schwarzkiefern.
Die Schwarzkiefern, die hier gedeihen, gehören zu den größten der 111 weltweit
bekannten Kiefernarten.

Das Gebirge um den Bavella-Pass mit seinen vereinzelten Kiefern gilt, wegen seiner bizarren, zum Teil wie Nadeln in den Himmel ragenden Gesteinsformationen, als die schönste Bergregion der Insel.

Die Lorbeerwälder auf La Gomera, die hier in den Bergen der vulkanischen Insel wachsen, sind ein in Europa sehr seltener Waldtyp. Außer auf den Kanarischen Inseln kommt dieser Typ nur noch auf den Azoren, Madeira, in Südspanien und an der Schwarzmeerküste (dort aber vorwiegend auf der asiatischen Seite) vor.

Der Lorbeerwald La Gomeras gilt als der größte noch zusammenhängende Lorbeerwald der Erde. Er liegt inmitten der Insel im Nationalpark Garajonay, der circa zehn Prozent der Inselfläche ausmacht, und ist aufgrund seiner außergewöhnlichen ökologischen Bedeutung 1986 in das UNESCO-Weltnaturerbe aufgenommen worden. Sich in ihm zu bewegen, heißt in einem Wald zu sein, der in jedes Märchen oder jeden Harry-Potter-Film passen würde – ein absoluter Märchenwald. Man begegnet hier einer Wildnis immergrüner Nebelwälder mit von dicken Moosschichten bewachsenen, knorrigen Ästen, von denen lange Bartflechten herabhängen. Der Waldboden besteht aus einem Meer von Farngewächsen, die teilweise selbst bis zwei Meter hochragen.

Und es ist ein Wald voller Pflanzen, die nur noch hier in diesem subtropischen Gebiet wachsen. Von den rund 2000 Pflanzenarten der Kanarischen Inseln gilt rund ein Viertel als endemisch.

In den Naturwäldern der Insel finden sich bis zu 20 verschiedene Baumarten. Die wild wachsenden alten Stämme sind meist von Moos überzogen, im schattigen feuchten Waldboden gedeihen Farne.

Diese Doppelseite Die Vielfalt und Ästhetik der Formen in der Natur ist besonders aus der Nähe zu erkennen.
Folgende Doppelseite Ein Wald, der sogar über den Wolken zu wachsen scheint.

Die Karte zeigt die verbliebenen Urwaldlandschaften Europas. Sie ist das Ergebnis jahrelanger aufwendiger Auswertung und Untersuchung von Satellitenbildern und Exkursionen in die Waldgebiete. Als Urwaldlandschaften gelten intakte zusammenhängende, überwiegend von Bäumen bewachsene Naturräume von mindestens 500 Quadratkilometern (= 50 000 Hektar) Größe, wobei jeder mindestens zehn Kilometer breit oder lang sein muss. Diese großen Urwaldgebiete machen nur noch rund sechs Prozent der gesamten europäischen Landfläche aus. In Europa gibt es nur noch fünf Länder, in denen solche intakten großräumigen Urwaldlandschaften vorkommen – Finnland, Norwegen, Rumänien, Russland und Schweden. 92 Prozent dieser letzten großen europäischen Urwälder liegen ganz im Norden – im borealen, hauptsächlich aus Nadelbäumen bestehenden Waldgürtel, rund 90 Prozent davon allein in Russland. Sämtliche Urwälder sind zugleich wilde Wälder. Die über ganz Europa verstreuten kleineren wilden Wälder, die ebenfalls ihren natürlichen – oder sogar Urwald-Charakter erhalten haben, sind in der Karte nicht dargestellt, da sie meist sehr klein sind und zusammen nicht mal ein Prozent der europäischen Landfläche ergeben. Als Aufnahmeorte wurden sowohl einige der großen Urwaldgebiete als auch kleinere wilde Wälder gewählt – sie sind alle in der Karte nummeriert aufgeführt:

① Nationalpark Garajonay, La Gomera, Spanien ② Naturpark los Alcornocales, Spanien ③ Hallerbos, Belgien ④ Bödmeren, Schweiz ⑤ Aletschwald, Schweiz ⑥ Korsika, Frankreich ⑦ Abbruzzen, Italien ⑧ Gargano, Italien ⑨ Plitvicer Seen, Kroatien ⑩ Krokar-Urwald, Slowenien ⑪ Rusca Montana, Retezat, Rumänien ⑫ Wildnisgebiet Dürrenstein, Österreich ⑬ Nationalpark Bayerischer Wald, Deutschland ⑭ Steigerwald, Deutschland ⑮ Kellerwald, Deutschland ⑯ Urwald Sababurg, Deutschland ⑰ Harz Nationalpark, Deutschland ⑱ Urwald Hasbruch, Deutschland ⑲ Heilige Hallen, Deutschland ⑳ Ormtjernkampen, Norwegen ㉑ Sarek-Nationalpark, Schweden ㉒ Muddus-Nationalpark, Schweden ㉓ Inari-See, Finnland ㉔ Oulanka-Nationalpark, Finnland ㉕ Kainuu, Finnland ㉖ Białowieża-Nationalpark, Polen ㉗ Komi-Urwald, Russland

Wilde Wälder **Aufnahmeorte**

Quelle: Greenpeace, mit Unterstützung von: Biodiversity Conservation Center (Russland), International Socio-Ecological Union (Russland), Luonto-Litto (Finnish Nature League) und Global Forest Watch (USA)

ursprüngliche Urwaldlandschaften Europas

heute noch vorhandene intakte Urwaldlandschaften

1   2   3   4

Die erste tödlich wirkende Bedrohung kam aus dem Norden – die heranrückende Kälte, die nicht enden wollenden Schneefälle der Eiszeiten haben die Wälder in weiten Teilen Europas immer wieder komplett verdrängt, zerdrückt und schließlich tausende von Jahren unter kilometerdicken Eismassen begraben. Doch nach jeder Eiszeit kamen die Bäume zurück. Es dauerte nur wenige Jahrtausende, bis sie ihre alten Plätze zurückerobert hatten und fast der gesamte Kontinent erneut dicht bewaldet war. So auch nach der letzten Eiszeit, die vor rund 10 000 Jahren zu Ende war. Es entstanden in ganz Europa wieder meist dichte Wälder der verschiedensten Waldtypen.

Doch die Ruhe nach der großen Kälte im Norden Europas dauerte abermals nur wenige Jahrtausende. Zwar gab es keine Eiszeit mehr, aber dafür schickte sich der Mensch an, mehr und mehr den europäischen Kontinent für sich zu erobern. Er beanspruchte immer neue Lebensräume und drang daher auch in fast sämtliche bewaldeten Regionen vor.

Mit der zunehmenden Bevölkerung stieg der Bedarf an Platz für Acker-, Weide- und Siedlungsflächen. Zusätzlich wurde Holz für den Bau von Hütten,

Häusern und Schiffen sowie als Brennmaterial benötigt. Wälder verschwanden schneller, als sie nachwachsen konnten, und das führte bereits in der Antike in einigen Teilen Europas zu einer Situation, in der es für Mensch und Wald anscheinend keinen gemeinsamen Platz mehr gab.

Die verbliebenen Wälder wurden intensiv genutzt, oft übernutzt und weiter zerstört. So hat allein der Schiffsbau einen großen Anteil an der Vernichtung der großen Eichenwälder und zur Entwaldung in Südeuropa und England geführt. Wälder wurden außerdem als Viehweide für Rinder, Pferde, Schweine, Schafe und Ziegen entdeckt. Besonders die Ziegenmast im 17. und 18. Jahrhundert schädigte vielerorts ganze Waldgenerationen, da Ziegen holzige Nahrung bevorzugen und sogar in die Bäume klettern, um Knospen, Triebe und alle erreichbaren Zweige zu fressen. Beim sogenannten »Reisbrechen« wurden die Zweige von den Bäumen abgebrochen, zerkleinert und gekocht an Schweine verfüttert. Für die Winterfütterung wurden alle zwei Jahre die Zweige samt ihren Blättern von den Bäumen entfernt, zum Trocknen aufgehängt und in der kalten Jahreszeit als Futter genutzt. Zusätzlich

Wilde Wälder
– bedroht und gefährdet

5  6  7  8

sammelte man beim »Lauben« das Herbstlaub der Bäume ein und setzte es als Futter oder Einstreu für das Vieh im Winter ein, wodurch ganze Wälder regelrecht leergesammelt wurden. Damit fehlten den Böden die lebenswichtigen Humusbildner und Nährstoffe. Die wenigen intakten Waldgebiete, die sogar bis ins 20. Jahrhundert erhalten geblieben sind, überdauerten fast ausschließlich im hohen Norden und im Osten Europas sowie in einigen schwer zugängigen Gebieten in Gebirgen, Sümpfen oder streng abgeriegelten Grenzregionen.

So überschaubar ihre Zahl auch ist, die wilden Wälder Europas sind heute immer noch vielfältigen Bedrohungen ausgesetzt – alle durch den Menschen verursacht. Das Überleben vieler dieser wertvollen Lebensräume ist nach wie vor nicht gesichert.

In Osteuropa ist die Hauptbedrohung für die Urwälder und die anderen ökologisch bedeutenden Wälder immer noch die Zerstörung durch Abholzung. Besonders in Russland, in den großen Urwaldgebieten, ist dies allgegenwärtig und sichtbar. Aus der Luft hat es oft den Anschein, als ob sich gierige Monster von allen Seiten kommend in die wertvollen Wälder fressen **Bild 1**.

Wie ein Schachbrett sind hunderte Kahlschläge in den noch vor wenigen Jahren intakten Urwäldern zu erkennen. In den meisten nachgepflanzten Wirtschaftswäldern ist einfach nicht genug hochwertiges Holz nachgewachsen, um den steigenden Bedarf zu decken, und so werden die Urwälder weiter eingeschlagen. Allein in dem ökologisch bedeutenden Dvinsky-Urwald wurden in den letzten zehn Jahren rund 300 000 Hektar Wald, also 20 Prozent seiner Fläche, abgeholzt **Bild 8**. Die Ergebnisse dieser ungeheuren Naturzerstörung sind aber keineswegs hochwertige langlebige Holzprodukte, sondern meist einfaches Bauholz sowie Zellstoff oder Holzschliff für die Papierherstellung – die letzten großen Urwälder werden tatsächlich zu Toilettenpapier und für Werbeprospekte verkocht.

Eine weitere Bedrohung sind die immer neuen und größer werdenden Minen, in denen unter anderem Bauxit (ein Aluminiumerz) und Gold abgebaut werden. Häufig entstehen diese Minen in Waldgebieten und führen damit zur Rodung und Zerstörung großer Waldflächen.

Auch für neue Straßen, Stromtrassen und Pipelines werden kilometerlange Schneisen in intakte Waldgebiete geschlagen mit oft dramatischen

Folgen. Sind erst einmal freie, kahlgeschlagene Flächen oder Schneisen entstanden, kann auftretender Wind, der normalerweise in einem geschlossenen Wald wenig Schaden anrichtet, die nahe der Einschläge oder auf offenen Flächen wachsenden Bäume schädigen, bei starkem Wind sogar abbrechen oder entwurzeln. Dieser Windbruch kann sehr viele Bäume treffen und noch weit in den intakten Wald hereinreichen. Die abgebrochenen und absterbenden Bäume bilden einen idealen Nährboden für die Massenvermehrung von Insekten wie dem Borkenkäfer. Sie können dann im Folgejahr massenhaft gesunde Bäume befallen, schädigen und zum Absterben bringen. Sturm und Insektenbefall treten zwar sehr viel häufiger in den gepflanzten Forstwäldern **Bild 3** auf, die viel anfälliger und instabiler sind, aber es kann auch die Naturwälder treffen, wenn in ihnen oder ganz in ihrer Nähe viele Bäume gefällt und Schneisen geschlagen werden. Im Norden Europas ist mit der Einigung zwischen der Forstwirtschaft und den Saami zumindest der Druck auf die letzten ungeschützten Urwaldreste in Finnland erst einmal genommen. Aber auch hier, ob in Schweden **Bild 7** oder Finnland, sind immer noch viele wertvolle wilde Wälder Ziel der Holz- und Papierindustrie.

Immer häufiger werden dabei hochtechnisierte Geräte eingesetzt wie die Harvester oder Waldvollerntemaschinen, die von einer einzigen Person per Joystick gesteuert werden. Diese Maschinen wurden entwickelt, um immer schneller und kostengünstiger Bäume zu fällen. In nur wenigen Sekunden wird ein Baum in einem Arbeitsgang umgesägt, entastet und in transportable Stücke zerteilt. Mit nur einer dieser Maschinen können an einem Tag mehr als tausend Bäume gefällt werden, von einer einzigen Person **Bild 4**.

In Mitteleuropa ist in vielen Ländern die klassische Forstwirtschaft immer noch der größte Verhinderer einer natürlichen und besseren Waldentwicklung. Es ist zwar unstrittig, dass ein eher natürlich gewachsener Wald sehr viel stabiler, biologisch reicher und oft auch ökonomisch wertvoller ist,

> **»Ein Großteil der Wälder könnte in Zukunft den sogenannten »Bio«-Brennstoffen und -Treibstoffen geopfert werden.«**

doch immer noch sind die meisten Wälder nur Wirtschaftswälder alten Formats. Dort wird wenig Wildnis zugelassen, werden schnell wachsende Baumarten gepflanzt und aufgeräumte, gleich alte künstliche Baumbestände **Bild 2** geschaffen, die leicht zu ernten sind, statt ursprünglichen Baumarten und Mechanismen der natürlichen Waldverjüngung und -entwicklung den Vorzug zu geben und dabei auch einige so wichtige tote und absterbende Bäume im Wald zu belassen.

Ein weiteres Problem stellt die vorherrschende Jagdpraxis dar, vor allem in Mitteleuropa. Sie verhindert die Ansiedlung natürlicher Feinde wie Wölfe, Bären und Luchse, fördert unnatürlich hohe Wildbestände und treibt das Wild immer mehr in die Wälder. Da eine Lieblingsspeise von Rehen, Dam- und Rotwild junge Triebe und die Rinde heranwachsender Bäume sind, wird die natürliche Verjüngung der Wälder empfindlich gestört oder verhindert.

Eine große Gefahr geht schon jetzt von der aktuellen Sucht nach sogenannten Biobrennstoffen aus. Seit Jahren steigt auch die Nachfrage nach Brennholz immer weiter, und schon jetzt endet das meiste Holz vieler Wälder nicht als Holzprodukt, sondern wird verbrannt. Auch die technische Möglichkeit, Holz im industriellen großen Maßstab als Energieholz zu Biogas oder sogar Biotreibstoffen zu verwandeln, scheint nicht mehr allzu fern **Bild 5**. Im Süden Europas und zunehmend auch im Osten, in Russland, wo allein 2010 über 31 000 Waldbrände riesige Waldflächen vernichteten **Bild 6**, sind die immer häufiger auftretenden Waldbrände zu einer Bedrohung aller Wälder geworden. Viele der Brände wurden zwar absichtlich gelegt, doch erst die große Trockenheit – auch eine Folge der Abholzung fast sämtlicher natürlichen Waldflächen – sorgt dafür, dass die Brände sich so schnell ausbreiten können und riesige Flächen zerstören.

Ein weiteres Problem im Süden, aber auch in anderen Teilen Europas ergibt sich daraus, dass bei der Aufforstung oft Bäume gepflanzt werden, die gar nicht in die jeweiligen Regionen passen. Dort, wo einst Buchenwälder vorherrschten, ersetzte man sie beispielsweise durch Fichten. Aber es werden auch völlig fremde Baumarten, wie der ursprünglich in Asien und Australien heimische Eukalyptus oder die nordamerikanische Douglasie, gepflanzt. Dadurch entstehen unnatürliche Baumartenzusamensetzungen, die häufig die von Natur aus vorkommenden Baumarten verdrängen und dadurch zu einer wirklichen Gefahr auch für die heimischen wilden Wälder und ihre Bewohner werden. Neben all diesen direkten Bedrohungen sind es besonders die indirekten, durch die Menschen verursachten Einflüsse, die dramatische Folgen für die europäischen Wälder haben. In den 1980er-Jahren wurde der saure Regen als Ursache eines europaweiten Waldsterbens identifiziert. Saurer Regen, hervorgerufen durch das Verbrennen gigantischer Mengen von schwefelhaltiger Kohle in Kraftwerken und von Benzin und Diesel in Autos, Lastwagen und Schiffen.

Der saure Regen steht nicht mehr im Zentrum der Aufmerksamkeit. Inzwischen sind weitere Bedrohungen aus der Luft deutlich und nachgewiesen worden. Eine davon ist die in vielen Regionen vorhandene Überdüngung, hervorgerufen durch die Unmengen von Stickstoffverbindungen, die durch Abgase in die Luft geblasen werden. Hinzu kommen die gewaltigen Mengen an Phosphat- und Nitrat-Dünger aus der Landwirtschaft. Sie alle zusammen belasten und schädigen die Wälder in hohem Maße.

Aber es kommt noch schlimmer. Die größte Gefahr und damit auch die größte Herausforderung für das Überleben der Wälder Europas wie fast für alle Lebewesen auf der Erde ist die inzwischen dramatisch zunehmende Erwärmung unseres Planeten durch den Klimawandel. Denn hinter diesem so harmlos klingenden Begriff steht eine von Menschen gemachte globale Veränderung mit unabsehbaren, jedoch nach allen bisherigen

»Die größte Gefahr für das Überleben der Wälder Europas ist die dramatisch zunehmende Erwärmung unseres Planeten durch den Klimawandel.«

Erkenntnissen katastrophalen Folgen, wie Meeresspiegelanstieg, zunehmende Dürren, Stürme, Überschwemmungen und Hungersnöte sowie soziale Konflikte durch massive Völkerwanderungen.

Die wilden Wälder spielen im Kampf gegen den Klimawandel eine besondere Rolle, denn gerade natürliche und intakte Waldgebiete sind wichtige Klimastabilisatoren, da sie unglaubliche Mengen des schädlichen Kohlendioxids aufnehmen. Sie produzieren aus dem Klimagift sogar Sauerstoff und binden den Kohlenstoff langfristig, mehr und besser als fast alle anderen Öko- oder von Menschen entwickelten Systeme. Werden diese Wälder aber abgeholzt und zerstört, wird ein Großteil des im Waldökosystem gespeicherten Kohlenstoffs durch die biologischen Abbauprozesse und auch durch die spätere Verbrennung der entstandenen Holz- und Papierprodukte wieder frei. Der eigentlich kohlendioxidspeichernde Wald wird so ebenfalls zum gefährlichen kohlendioxidabgebenden System. Schon jetzt sind mindestens 20 Prozent des weltweiten Klimawandels auf die Zerstörung der letzten großen Urwaldgebiete dieser Erde zurückzuführen.

Besonders dramatisch wird dies aufgrund eines sich selbst verstärkenden Effekts: denn auch das wärmer werdende Klima selbst schädigt die Wälder mittelfristig massiv, es führt zu immer mehr Waldbränden und begünstigt Insektenbefall. Die dadurch geschädigten und schließlich absterbenden Wälder heizen das Klima durch das dabei freigesetzte Kohlendioxid noch weiter an, was wiederum mehr Waldzerstörung bedeutet. Diese verhängnisvolle Reaktionskette kann nur – und muss – durch die Eindämmung des Klimawandels durchbrochen werden, denn es geht nicht mehr allein um die letzten wilden Wälder, sondern um den Schutz allen Lebens auf unserem Planeten.

Greenpeace kämpft seit 1991 für den weltweiten Schutz der letzten Urwälder – in den Waldregionen und in den Ländern, die Produkte aus Urwaldzerstörung beziehen. In Europa macht sich Greenpeace besonders für die letzten wilden Wälder vieler Länder sowie für den Buchenwaldschutz in Deutschland stark. Mit Aktionen wird öffentlicher Druck auf Verantwortliche erzeugt. Politische Lobbyarbeit und Gespräche mit Händlern und Konzernen wirken im Hintergrund für die Ziele der Umweltschützer. Verbraucher werden aufgefordert, durch bewussten Konsum zum Waldschutz beizutragen.

Russland/Karelien: Urwaldjuwel gerettet

Greenpeace kämpft seit 1995 gegen den Kahlschlag im Urwald der nordrussischen Republik Karelien. Dort fallen tausende von wertvollen Bäumen der Papier- und Zellstoffindustrie zum Opfer, vor allem für die finnischen Konzerne Enso (seit 1998 Stora Enso) und UPM Kymmene. Speziell gegen Enso ist Greenpeace seit 1996 vielfach aktiv, zum Beispiel ketten sich Aktivisten aus vielen Ländern im Einschlagsgebiet an die Baumfällmaschinen **Bild 1** und im Hafen von Lübeck an einen Papierfrachter und befestigen ein Protestbanner **Bild 2**. Auch vor der

deutschen Enso-Zentrale in Düsseldorf protestiert Greenpeace und übergibt den Verantwortlichen hunderttausende Protestpostkarten. Unter Druck geraten, beenden die Konzerne vorerst den Raubbau und unterzeichnen ein dreijähriges Einschlagmoratorium. Doch damit gibt sich Greenpeace nicht zufrieden und kämpft gemeinsam mit anderen Umweltgruppen für die Einrichtung eines Nationalparks. Der Durchbruch gelingt erst nach weiteren Jahren aktiver Kampagnenarbeit: 2002 beschließt der Gouverneur von Karelien, einen gut 74 000 Hektar großen Nationalpark einzurichten, 2006 bestätigt die russische Regierung den Beschluss. Mit dem Kalevalski-Nationalpark ist heute ein Naturjuwel dauerhaft geschützt. Und seine Bewohner wie Braunbär, Luchs und Wolf, Uhu und Dreizehenspecht haben wieder eine echte Überlebenschance.

Russland/Kaukasus: Olympiade gefährdet Naturerbe

Die Winter-Olympiade 2014 im russischen Sotschi gefährdet einen Naturschatz von Weltrang: Die Bobbahn mit Platz für 11 000 Zuschauer und das olympische Dorf sollen in das international anerkannte und dreifach geschützte Waldgebiet der »Grushevny Mountain Ridge« gebaut werden. Das Territorium zählt zum Sotschi-Nationalpark, zur Pufferzone

des UNESCO-Weltnaturerbes Westkaukasus und grenzt an das Biosphärenreservat Kaukasus. Die Landschafts- und Artenvielfalt der Region ist einmalig, allein über hundert auf der Roten Liste stehende Arten leben dort, darunter die westkaukasische Ziege, die kaukasische Gämse und die letzten europäischen Leoparden. Daher fordert Greenpeace vom Internationalen Olympischen Komitee und von der russischen Regierung, Teile der olympischen Infrastruktur zu verlegen – unterstützt von weiteren Umweltorganisationen und sogar der UNO. Gleichzeitig macht Greenpeace die Öffentlichkeit am Wintersport-Dorado Krasnaya Polyana auf das Drama aufmerksam **Bild 7**. Im Juni 2008 lenkt Präsident Putin ein und stimmt den geforderten Änderungen zu. Doch von »grünen Spielen« ist Sotschi noch weit entfernt. Ende 2009 erlässt die russische Regierung ein Gesetz, das für die neue olympische Infrastruktur quasi alles erlaubt – sogar Bäume zu fällen und Straßenbau in ökologisch sensiblen Gebieten. Mit Sotschi 2014 hat Greenpeace noch viel Arbeit vor sich.

Deutschland: Uriger Buchenwald wird Nationalpark

2004 wird nach jahrelangen Auseinandersetzungen mit der unbelehrbaren Landesregierung der nordhessische

Greenpeace
– die Waldkampagne in Europa

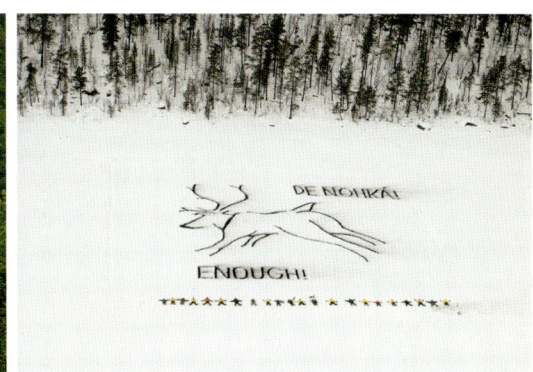

Nationalpark Kellerwald-Edersee eröffnet. Damit sind knapp 6000 Hektar einmaliger, in ganz Europa inzwischen sehr selten gewordener wertvoller Buchenwald geschützt und ein Stück Wildnis für die nachfolgenden Generationen bewahrt. Buchenwälder waren einst in Europa weit verbreitet, doch heute gehören sie weltweit zu den bedrohtesten Waldtypen. Gemeinsam mit anderen Umweltverbänden hat sich Greenpeace jahrelang für den Schutz des Kellerwaldes eingesetzt, zum Beispiel in einer Kletteraktion an der Edertalsperre 1999 **Bild 3**. Und Deutschland bietet noch viele weitere urtümliche und artenreiche Buchenwälder. 2011 legt Greenpeace eine Studie vor, die ein großflächiges Netzwerk geschützter Buchenwälder vorschlägt.

Bergwaldprojekt: Einsätze für gesündere Wälder

Aktive Waldarbeit leisten jedes Jahr hunderte Freiwillige für das gemeinnützige »Bergwaldprojekt«. Der Verein wurde 1986 von Greenpeace gegründet. Seit 1990 arbeitet er selbstständig, doch weiterhin mit fachlicher und finanzieller Unterstützung von Greenpeace. Bis heute waren an die 25 000 Helfer bei einwöchigen Einsätzen in Deutschland, Österreich, Spanien und der Schweiz aktiv. Allein zwischen der

Insel Amrum und den bayerischen Alpen werden unter professioneller Anleitung rund 20 »grüne Problemzonen« wieder in natürliche Bergwälder verwandelt. Mal muss ein ausgetrocknetes Moor wiederbelebt, mal ein Gebirgswald in einem Lawinengebiet stabilisiert werden, mal benötigen junge Bäume Schutz vor hungrigem Wild. Oft verwandeln die Waldhelfer auch die gepflanzten und artenarmen Fichtenmonokulturen mit standortheimischen Bäumen wieder in kostbare Laubmischwälder.

Finnland: Kampf gegen den Kahlschlag

In den wilden Wäldern Lapplands sterben hunderte Jahre alte Kiefern für Zeitungen, Kopierpapier und Taschentücher. Nur noch etwa fünf Prozent der Waldgebiete in Nordfinnland sind intakte Urwälder, der Rest ist in Forstwälder umgewandelt oder komplett verschwunden. Seit 2000 kämpft Greenpeace für den Erhalt dieser letzten finnischen Naturparadiese, so 2005 mit einer Aktion im Hafen von Kemi, Nordfinnland **Bild 4**, wo Papier aus Urwaldzerstörung verladen und nach Deutschland transportiert werden soll. In Inari, einem gefährdeten Waldgebiet Lapplands, richtet Greenpeace im selben Jahr ein mehrmonatiges »Forest Rescue Camp« ein **Bild 5**. Dort arbei-

ten die Aktivisten auch mit den traditionellen Rentierzüchtern, den Ureinwohnern der Saami, zusammen. Auf einem zugefrorenen See setzen Saami-Künstler mit Greenpeace ihrem Ziel mit einem menschlichen Banner ein Zeichen **Bild 8**. Deutschland ist Finnlands wichtigster Papierabnehmer. Ein Großteil landet in der Produktion von Zeitschriften. 2001 macht Greenpeace führende deutsche Verlage darauf aufmerksam, dass die für ihre Produkte bezogenen Papiere den Urwald in Finnland zerstören, und kann unter anderem Axel Springer, Bauer, Burda, Gruner + Jahr und Spiegel zum Handeln bewegen. Die UNO erklärt indes, der Raubbau in Finnland verletze die Menschenrechte der Saami. Ende 2005 lenken die finnischen Behörden ein. In einigen Gebieten wird der Holzeinschlag vorübergehend eingestellt. 2010 werden große Gebiete der letzten acht Urwälder Finnlands – insgesamt 250 000 Hektar – für mindestens 20 Jahre unter Schutz gestellt. Damit wird der seit 2005 bestehende Einschlagstopp nun rechtlich abgesichert – ein Riesenerfolg. Von den geschützten Wäldern profitieren vor allem die dort lebenden Tiere und die Saami mit ihren Rentieren.

Markus Mauthe (geb. 1969) ist gelernter Fotograf und hat durch seine Reise- und Abenteuerlust von Anfang an die Naturfotografie für sich entdeckt. In Form von Diaschauen, Buch- und Kalenderveröffentlichungen zeigt er die Schönheit dieser Welt und macht gleichzeitig auf die Notwendigkeit ihrer Erhaltung aufmerksam. Seit dem Jahr 2003 unterstützt er mit seiner Arbeit die Umweltschutzorganisation Greenpeace. Auf Vortragstourneen im gesamten deutschsprachigen Raum begeistert er die Menschen für die Natur. Mit seinen Geschichten ist er zu einem Botschafter für die Bewahrung unserer Lebensgrundlagen und die Ziele von Greenpeace geworden. Im Internet-Blog *www.wildview.de* berichtet er regelmäßig von seinen fotografischen Erlebnissen. Weitere Informationen über die Arbeit von Markus Mauthe finden sich unter: *www.markus-mauthe.de*

Thomas Henningsen hat Biologie und Meereskunde studiert und dabei das Leben von Delfinen im Golf von Mexiko und im Oberlauf des Amazonas erforscht. Er hat zahlreiche Artikel und Fotos veröffentlicht und ist Autor und Co-Autor vieler Vorträge sowie einiger Bücher und Fernsehdokumentationen. Seine Leidenschaft, sich für den Erhalt der Natur einzusetzen und gegen die Zerstörung und deren Verursacher zu kämpfen, hat ihn schon früh zu Greenpeace geführt. Seit über 15 Jahren engagiert er sich als Kampagnenleiter für den Urwald-, Meeres- und Klimaschutz. Dabei hat er viele nationale und zunehmend internationale Kampagnen geleitet – unter anderem auch zum Schutz der letzten sieben großen Urwaldgebiete – und somit dazu beigetragen, dass im Kampf für den Erhalt der »grünen Paradiese« dieser Erde entscheidende Erfolge erzielt wurden. Gemeinsam mit Markus Mauthe verantwortet er seit vielen Jahren das Vortragsprojekt über die Wälder der Erde.

Danksagung

Wir bedanken uns herzlichst bei folgenden Personen, die uns bei der Erstellung dieses umfangreichen Projektes geholfen haben:

Kai Arend (www.mabon.de), Ingo & Silke Arndt, Conni Böttger, Michael Eick, Elfriede Fischer, Sophie & Felix Fischer, Walter Frank, Jörg Gast, Greenpeace Russland (thanks Anna, Andrey, Ilona, Alexey, Sergey – great job!), Nicoline Haas, Kirsten Hagemann, Ingrid & Friedemann Mauthe, Lukas Mazurek, Jarmo Pyykko & Familie, Martin Kaiser, Lassi Rautiainen, Inga Rohlmann, Bernhard Römmelt, Ulla Reck, Jochen Reinhold, Oliver Salge, Astrid Schlüter, Franz Sieghatsleitner, Dr. Georg Sperber, Hans Zehetner

Wir widmen dieses Buch der zukünftigen Generation, allen Kindern auf dieser Erde und damit auch unseren Kindern

Leo, Lukas, Kester, Bosse und Naila.

Markus & Thomas

©Lassi Rautiainen

Zur Fotografie: Seit Beginn meiner Ausbildung zum Fotografen im Alter von 17 Jahren fotografiere ich mit dem Nikon-System. 2003 bin ich von der analogen Fotografie ins digitale Zeitalter umgestiegen. »Europas wilde Wälder« ist fast komplett mit der Nikon D3x entstanden.

Die meisten Bilder sind mithilfe eines Zeiss Distagon 2,8/21mm und Nikon AF-S 2,8/70–200mm fotografiert. Bei Aufnahmen von Tieren habe ich mit dem Nikon AF-S 4/200–400mm gearbeitet und bei Bedarf einen Konverter und/oder die Nikon D300 zur Brennweitenverlängerung eingesetzt. Außerdem

habe ich das Nikon AF 2,8/105mm Makro für Nahaufnahmen und das Nikon 2,8/28–70mm im Normalbereich verwendet. Die Stative sind von Gitzo. Zur Archivierung nutze ich die Aperture-Software auf dem Mac-System. Außer den üblichen Maßnahmen wie der »Tonwertkorrektur« oder dem »Scharfzeichnen« wurden die Fotografien weder digital verändert noch manipuliert. Alle Aufnahmen von Tieren stammen aus freier Wildbahn, ohne dass diese in ihrer Bewegungsfreiheit eingeschränkt gewesen wären.

Weitere Informationen zu Greenpeace oder der Greenpeace Waldarbeit:
www.greenpeace.de für Deutschland   www.greenpeace.org/austria/de für Österreich   www.greenpeace.org/switzerland/de für die Schweiz

Deutsche Originalausgabe Copyright © 2011 von dem Knesebeck GmbH & Co. Verlag KG, München Ein Unternehmen der La Martinière Groupe
Alle Fotografien in diesem Buch © Markus Mauthe/Greenpeace Mit Ausnahme: S. 180 Bild 2, 3, 4 Thomas Henningsen, S. 181 Bild 1 Thomas Henningsen,
Bild 2 Igor Podgorny, Bild 3 Olli Manninen, alle © Greenpeace Bild 4 U.S. Geological Survey Europakarte: Greenpeace, mit Unterstützung
von: Biodiversity Conservation Center (Russland), International SocioEcological Union (Russland), LuontoLitto (Finnish Nature League) und Global Forest
Watch (USA) Satellitenaufnahme: S. 181 Bild 8 wurde 2010 vom Satelliten Landsat – 5 TM mit 30 Meter Auflösung aufgenommen und durch den
U.S. Geological Survey freigegeben. Es zeigt die großen schachbrettartigen und überwiegend illegalen Kahlschläge im nördlichen Teil eines der größten
verbliebenen Urwälder Europas – dem Dvinsky-Urwald in Russland. Text: Einleitung, Wälder in Gefahr und Kapiteleinführungen: Dr. Thomas Henningsen.
Bildtexte: Dr. Thomas Henningsen, Markus Mauthe. Greenpeace Waldkampagne: Nicoline Haas, Dr. Thomas Henningsen Lektorat: Dr. Reinhard Pietsch,
medienpartner.münchen Gestaltung: Fabian Arnet, Knesebeck Verlag Umschlaggestaltung: Fabian Arnet, Knesebeck Verlag Satz: Leonore Höfer,
Knesebeck Verlag Herstellung: VerlagsService Dr. Helmut Neuberger & Karl Schaumann GmbH, Heimstetten Lithografie: Reproline genceller, München
Druck und Bindung: Printer Trento S.r.l., Trient
Printed in Italy ISBN 978-3-86873-360-0 Alle Rechte vorbehalten, auch auszugsweise.
www.knesebeck-verlag.de